Die besten Hausrezepte

Gudrun Dietze

Thüringer Allerlei

Backen & Kochen

BuchVerlag
für die Frau

Das Foto auf Seite 2 zeigt
den Feuertopf
(Rezept auf Seite 28).

ISBN 3-89798-011-8

3. Auflage 2000

Zubereitung der Speisen: Gudrun Dietze
Fotos: Uwe Hämsch, Gostemitz
(Speisenaufnahmen, Titelfoto);
Museum für Thüringer Volkskunde, Erfurt
(S. 5, 8, 10);
Agrar- und Freilichtmuseum Schloß Blankenhain
(S. 15)
Styling und Gesamtgestaltung:
Lore Jacobi, Jesewitz
Reproduktion: Repro Schneider, Leipzig
Gesamtherstellung:
Salzland Druck GmbH & Co. KG, Staßfurt
Printed in Germany

Inhalt

Vorwort

Wer Gudrun Dietze besucht, erlebt echte Thüringer Gastfreundschaft. Herzlich aufgenommen, mit vorzüglichem Kaffee bewirtet und dem immer vorrätigen köstlichen Kuchen verwöhnt, fühlt man sich gleich wie zu Hause, plaudert angeregt.

Nachdenklich stimmt der so nebenbei von der seit 1992 überaus erfolgreichen Autorin gegebene Einblick in ihr Arbeitspensum an den seither fast im Jahresrhythmus erschienenen Rezeptbüchern. „Echt thüringisch" kochen und backen heißt nicht, alte Rezepte ein wenig zu entstauben und aufzuschreiben. Gudrun Dietze prüft jedes Rezept auf seine gegenwärtige Brauchbarkeit: die bekömmlichen Zutaten, die unkomplizierte Zubereitung, den ausgefeilten Wohlgeschmack, das appetitliche Aussehen.

So wird experimentiert, ausgewogen, abgemessen, mitunter mehrmals in Details verändert, bis der so besondere Geschmack und die Gelingsicherheit erreicht sind.

Die Torten sind nach wie vor üppig – aber mehr im Aussehen als im Gehalt.

„Gute Butter", vor Zeiten ein Muss in der Hausbäckerei, kommt nur dort sparsam zum Einsatz, wo der Geschmack es unbedingt erfordert. Buttercremes werden durch leichte Puddingcremes ersetzt, die zart im Geschmack und gut bekömmlich sind. Die reichlichen Saucen der Thüringer Küche werden sämig und locker durch Schmand oder saure Sahne. Garzeiten sind vitaminfreundlich gestaltet.

Gudrun Dietze verarbeitet bevorzugt einfache Produkte aus dem eigenen Garten und dem gängigen Regionalangebot. Eine wesentliche Voraussetzung für das Gelingen der Gerichte sind die frischen Zutaten von guter Qualität.

Auch das Backen wird liebevoll vorbereitet – mit temperierten Zutaten und immer neuen Ideen zur Verfeinerung der leckeren Backwerke. Inhalt und Aussehen müssen „ein Gespann bilden".

Den Lesern mittlerweile ebenso lieb wie die genauen Rezeptbeschreibungen und besonders lesenswert auch Gudrun Dietzes Tipps und Bemerkungen zu den Rezepten, in denen sich jahrzehntelange Erfahrung und tiefes Verwurzeln in der heimischen Tradition widerspiegeln.

Viele der Rezepte in diesem nun sechsten Buch von Gudrun Dietze stammen wieder aus ihrer eigenen Küchenpraxis – kein Rezept wiederholt sich in ihren Büchern! Auch gute weitergebenswerte Rezepte von Freunden und Verwandten, aus Gesprächen mit Lesern, Funde in alten Aufzeichnungen werden geprüft und bearbeitet, bis sie veröffentlichungsreif sind. So bieten die Thüringen-Koch- und Backbücher von Gudrun Dietze einen einmaligen aktuellen Überblick über die lebendige Thüringer Hausküche mit ihren bewahrenswerten Traditionen und in ihrem modernen Gebrauch.

Guten Appetit!
Ihr BuchVerlag für die Frau

Suppen und Eintöpfe

Wirsingeintopf

500 g Schweinekamm,
2-3 EL Öl oder Schweinefett,
100 g Zwiebelwürfel,
1 l Brühe (= 2 TL Pulver),
500 g Wirsing,
2 TL Salz, 1 TL Kümmel,
Pfeffer aus der Mühle,
500 g Kartoffeln

Kammfleisch in ca. 3 cm große Würfel schneiden und im heißen Öl in einer Antihaftpfanne 10 Minuten ringsum braun anbraten. Zwiebelwürfel zugeben und glasig schwitzen. Mit 1 Tasse Brühe ablöschen und zugedeckt 30 Minuten langsam kochen. Nun alles in einen entsprechend großen Topf geben. Den von schlechten Blättern und dem Strunk befreiten Wirsing in Streifen schneiden und zum Fleisch geben. Mit Salz, Pfeffer und Kümmel würzen. Die geschälten, in Würfel geschnittenen Kartoffeln untermischen und die restliche Brühe zugeben. Alles zugedeckt in 25-30 Minuten weichkochen.

Wirsingeintopf zählt zu den klassischen Thüringer Gerichten.

Hähnchenflügel mit Gemüsereis

800 g Hähnchenflügel,
1 1/2 l Wasser,
2 geh. TL Salz,
Pfeffer aus der Mühle,
2 TL Hühnerbrühpulver,
1 große Knoblauchzehe,
50 g Zwiebelwürfel,
1 TL gerebelte Sellerieblätter,
1 Stengelchen Beifuß,
700 g Kohlrabistifte (3-4 Kohlrabi),
300 g Möhren,
1 kleine Zwiebel,
1 TL Butter, 125 ml Wasser,
1 geh. TL Salz,
50-100 g Butter,
6-8 EL Reis,
1-2 EL gehackte Petersilie

Hähnchenflügel im heißen Wasser mit Brühpulver, Salz, Pfeffer, Zwiebelwürfeln, Knoblauch, Selleriekraut und Beifuß im offenen Topf in 45 – 60 Minuten weichkochen. Möhrenscheiben, gewürfelte Zwiebel, Kohlrabistifte und Salz mit wenig Butter in Wasser langsam weich dünsten.

Flügel abgießen und die Brühe mit dem Gemüse vermischen. Nach Vorschrift gekochten, abgeschleimten Reis ebenfalls zum Gemüse geben. Butter in einem Tiegel leicht bräunen, und die Flügel dicht nebeneinanderliegend beidseitig knusprig braun braten. Bratbutter über dem Reis verteilen und mit Petersilie bestreuen.

Dieser Eintopf – man nennt ihn auch Kohlrabireis – ist ein beliebtes Essen aus uralter Zeit. Der Eintopf wird mit dem Löffel gegessen, und die Flügel knabbert man nach alter Sitte zwischendurch ab.

Kümmelkraut

750-1000 g Weißkraut,
100 g Räucherbauch,
1 große Zwiebel,
1 geh. TL Salz, 2 TL Kümmel,
1 1/2 l Fleischbrühe (3 TL Pulver)
oder Knochenbrühe,
400-500 g Kartoffeln,
400 g Gehacktes,
Salz, Pfeffer, Kümmel

Weißkraut von schlechten Blättern befreien, halbieren und den Strunk herausschneiden. Den kleingewürfelten Bauchspeck in einem breiten Topf langsam ausbraten. Zwiebelwürfel zugeben und etwas anrösten, das Kraut in Streifen schneiden und unter Rühren langsam anbraten, bis es schön glänzt. Salz, Kümmel und ²/₃ der Brühe auffüllen und alles 15 Minuten kochen lassen. Nun die gewürfelten Kartoffeln und den Rest der Brühe zugeben. Weitere 15 Minuten kochen lassen. Gehacktes würzen, Nocken abstechen und in den heißen Eintopf geben. Noch 15 Minuten köcheln lassen. Mit Salz, Pfeffer und Kümmel abschmecken.

Gemüsesuppe mit Grießbällchen

20 g Butter, 4 EL Wasser,
250 g Möhren, 1/2 TL Salz,
1/2 TL Zucker,
250 g Erbsen (TK),
1 l Fleisch- oder Knochenbrühe (oder 2 geh. TL Instantbrühe-Pulver mit Wasser), 1/4 l Milch,
50 g Butter,
125-150 g Grieß,
2 Eier, Muskat, Salz,
2 TL Butter,
300 g Jagd-, Schinken-, oder Bockwurst,
2 EL gehackte Petersilie

Butter, Wasser, Salz, Zucker und in Scheiben geschnittene Möhren 15 Minuten langsam dünsten. Feinfrosterbsen zugeben und die Brühe auffüllen. Butter, Milch und Grieß in einen kleinen Topf geben und dickkochen. Eier einzeln zugeben und mit Salz und Muskat verrühren.

1/2 Stunde quellen lassen. Nun mit 2 Teelöffeln kleine Bällchen abstechen und in die kochende Suppe geben. 10 Minuten ziehen lassen. Inzwischen die in Streifen geschnittene Wurst in wenig Butter Farbe nehmen lassen und mit gehackter Petersilie in die Suppe geben.

Tipp

Diese Suppe ist sehr sättigend, und auf den Braten kann man verzichten.

Porreesuppe

400 g Gehacktes,
2 TL Öl,
400 g Porree, in Ringe geschnitten,
1 l Gemüsebrühe (2 geh. TL Pulver) oder echte Brühe,
75-100 g Bandnudeln,
4 Ecken Schmelzkäse (á 25 g)

Gehacktes in eine Pfanne mit heißem Öl zupfen. Unter Rühren braun braten. Porreeringe zugeben und bei milder Hitze etwas anschwitzen. Gemüsebrühe zuschütten und alles aufkochen. Dann die nach Vorschrift gekochten Nudeln zugeben. Käseecken in 1 Tasse heißem Wasser zerdrücken und in die heiße Suppe rühren. Nicht mehr kochen lassen.

Schwammespalken

500-600 g Waldpilze,
100 g Zwiebelwürfel,
100 g Räucherbauch,
Salz, Pfeffer,
1 ½ l echte Fleischbrühe (oder aus 3TL Pulver),
2 TL Essig (5 %),
1 Lorbeerblatt,
4 Pimentkörner,
1 TL Zucker,
500 g Kartoffeln,
2 TL Mehl, 50 g Butter,
2 EL gehackte Petersilie

Die grob geschnittenen Pilze (Spalken) mit Zwiebelwürfeln im gewürfelten, zerlassenen Speck braten, bis das Wasser verdunstet ist. Mit wenig Salz und Pfeffer würzen. Brühe, Essig, Zucker, Lorbeer und Piment zugeben. Die in Würfel geschnittenen Kartoffeln einrühren und alles in 20-25 Minuten weichkochen. Mehl in zerlassener Butter etwas bräunen und in den Eintopf rühren. Aufkochen lassen und mit Salz, Pfeffer und Essig abschmecken. Mit Petersilie bestreut servieren.

Tipp

Zur Abwechslung kann auch mal ein Glas Schnippelbohnen untergemischt werden.

Thüringer Gartengemüse

Kräuterbohnen

Kräuterbutter:
3-4 EL Kräuter (frisch),
Dill, Petersilie, Schnittlauch,
je 1/2 TL Salz und Knoblauchsalz (Granulat), 1 EL saure Sahne oder Joghurt,
50-75 g Butter
Gemüse:
750 g grüne Bohnen,
1 TL Salz, Bohnenkraut

Die gehackten Kräuter mit der weichen Butter, mit Salz und Knoblauchsalz vermengen und die saure Sahne unterrühren. Zur Rolle geformt im Kühlschrank erstarren lassen.
Die ungeschnippelten ganzen Bohnen in kochendem Salzwasser mit etwas Bohnenkraut in ca. 30 Minuten weichkochen. Gut abgetropft auf vier Tellern verteilen und die Kräuterbutter in Scheiben geschnitten darauf legen.

Tipp **Kräuterbohnen schmecken köstlich zu Salzkartoffeln und Hammelfleisch oder zum Schlemmerbrätel (siehe Rezept S. 32).**

Kaisergemüse

300 g Blumenkohlröschen,
1/2 TL Salz, 1/2 Tasse Wasser,
300 g Möhrenscheiben,
1/2 TL Salz, 1/2 TL Zucker,
150 g Erbsen (TK),
1 TL Gemüse- oder Rinderbrühe,
1 EL Mehl,
1 Tasse Blumenkohlwasser,
1 EL Butter, 3-4 EL Schlagsahne,
1 Spritzer Zitronensaft,
Pfeffer aus der Mühle,
20-50 g braune Butter,
3-4 geh. EL Petersilie

Blumenkohl 8 Minuten in Salzwasser kochen. Möhrenscheiben mit Salz, Zucker und 1/2 Tasse Wasser ziemlich weichdünsten. Nach ca. 10 Minuten die Erbsen zugeben. Mehl in heißer Butter schwitzen, mit Blumenkohlwasser ablöschen. Brühpulver, Mehl und Sahne unterrühren. Mit Zitronensaft und wenig Pfeffer abschmecken. Das Gemüse zugeben und die gut abgetropften Blumenkohlröschen vorsichtig unterheben. Mit leicht gebräunter Butter beschöpfen und Petersilie darüber streuen.

Kaisergemüse ist eine Art „Oma-Gemüse", aber sehr fein. Ideale Ergänzung dazu sind Salzkartoffeln und magere Schnitzel ohne Sauce.

Broccoli in Käsesauce

700 g Broccoli (geputzt),
3/4 l Wasser, 1 TL Salz,
1 geh. EL Mehl, 1 EL Butter,
125 g Schlagsahne,
125 ml Fleischbrühe (1 TL Pulver),
4-5 EL Reibekäse,
evtl. etwas Broccoliwasser

Die Stiele des geputzten Broccoli in Stifte schneiden, den Kopf in Röschen zerteilen.
10 Minuten in Salzwasser kochen. Mehl in heißer Butter schwitzen, nacheinander Schlagsahne und Brühe einrühren. Den Reibekäse erst kurz vor dem Essen in die heiße Sauce rühren und nicht mehr kochen. Über den gut abgetropften Broccoli gießen.
Das Gemüse zu Salzkartoffeln und Putenschnitzel servieren.

Rosenkohl

750 g Rosenkohl, 1 TL Salz,
knapp 1/2 l Wasser, 50 g Bauchspeck,
1 Zwiebel, 50 g Butter,
1 Semmelkopf,
Pfeffer aus der Mühle, Muskat

Rosenkohl in Salzwasser bei schwacher Hitze 10-15 Minuten kochen (gefrosteter Rosenkohl ist schneller weich), abgießen und mit kaltem Wasser abschrecken, abtropfen lassen. Speck und Zwiebelwürfel in der Hälfte der Butter goldgelb braten. Rosenkohl dazugeben und durchschwenken. Mit Pfeffer und Muskat würzen. In der restlichen Butter die Semmelwürfel rösten und über die Röschen geben.

Dieses Gemüse ist die ideale Beilage zu Kasselerfleisch und Salzkartoffeln.

Tipp

Isst man den Rosenkohl zu Klößen und Hammelbraten, dann den gut abgetropften Rosenkohl in heißer Butter (1-2 TL) mit Muskat und 1/4 TL Zucker gewürzt schwenken, bis die Butter aufgesogen ist.

Wirsinggemüse

500 g Wirsing,
1 l leichte Gemüsebrühe (1 TL Pulver),
1/2 TL Salz,
40-50 g Butter,
1 geh. EL Semmelmehl, Muskat

Den geputzten, vom Strunk befreiten Wirsing in 4 Teile schneiden. In heißer, gesalzener Gemüsebrühe 25 Minuten kochen. Dann gut abgetropft in Streifen schneiden (Rippen vorher entfernen) und nochmals abtropfen lassen. Mit Muskat würzen. Semmelmehl in heißer Butter aufschäumen lassen und über den Wirsing geben.

Zu Schweinebraten oder Hähnchen und Salzkartoffeln reichen.

Tipp

In Thüringen isst man Wirsing auch sehr gern zu Thüringer Klößen mit Geflügel oder Schweinebraten. Den Wirsing dann in feine Streifen schneiden und in ganz wenig Wasser mit wenig Salz, Muskat und 1 TL Butter in 10-15 Minuten weich dünsten.

Schwarzwurzelgemüse in Cremesauce

400 g Schwarzwurzel
(Dose oder frisch),
2 TL Butter, 1 geh. TL Mehl,
100 ml Milch, 150 g saure Sahne,
je 1/2 TL Salz und Zucker,
Muskat, 100 g Reibekäse

Frische Schwarzwurzeln unter kaltem Wasser abbürsten, schaben und gleich in Essigwasser legen, bis alle Wurzeln geschabt sind. In Wasser mit Salz und Zitronensaft (wie Spargel) in 30 Minuten weichkochen. Die gut abgetropften Schwarzwurzeln in heißer Butter schwenken. Mehl darüber stäuben und leicht schwitzen. Saure Sahne, Milch, Salz, Zucker und Muskat verrühren und über die Wurzeln geben. Dick mit Reibekäse bestreuen und bei 180 ° C im Backofen 5-10 Minuten überbacken.
Dazu Hackbraten in Scheiben (ca. 1 cm dick) schneiden und in einer Antihaftpfanne ohne Fett beidseitig braten. Mit Röstkartoffeln vervollständigt ist dies ein sehr empfehlenswertes Gericht.

Dämpfkraut (Weißkrautgemüse)

500 g Weißkraut,
1/2 l Wasser,
1 EL Öl oder Schweinefett,
75 g Räucherbauch,
50 g Zwiebelwürfel,
1 TL Salz,
Pfeffer aus der Mühle,
1/2 TL Kümmel,
1 geh. TL Zucker,
3 TL Essig

Das Kraut in schmale Streifen schneiden und ins kochende Wasser geben. Nach 2 Minuten Kraut herausnehmen und abtropfen lassen. 1/2 Tasse vom Gemüsewasser aufheben.
Bauchspeck- und Zwiebelwürfel im heißen Öl glasig braten. Abgetropftes Kraut zugeben und noch 5 Minuten weiter braten. Gewürze und nach und nach die 1/2 Tasse Krautwasser zugeben. Zugedeckt 30-35 Minuten bei mittlerer Hitze weichdämpfen.

Mit Kartoffelpürree und gebratener Bauernbratwurst ergänzen.

Schnelle Gerichte

Pilzpfanne

25 g fetter Speck, 1 TL Butter,
500-700 g Waldpilze oder
braune Champignons,
100 g Zwiebelwürfel,
1 TL Salz,
Pfeffer aus der Mühle,
4 Eier, $^{1}/_{2}$ l Milch,
4-5 EL Petersilie,
1 Semmelkopf, etwas Butter

Speckwürfel in Butter etwas ausbraten. Zwiebelwürfel und die kleingeschnittenen Pilze zufügen. Braten, bis die Flüssigkeit weg ist. Mit Salz und Pfeffer würzen. Eier in der Milch verquirlen, Petersilie unterrühren und alles über die Pilze gießen (evtl. auch in eine Auflaufform geben). Die kleingewürfelte Semmel in wenig Butter langsam rösten und über der Pilzpfanne verteilen. Bei 175° C 30-35 Minuten in der Röhre backen.
Mit Kümmelkartoffeln und Gartensalat servieren.

Dieses uralte Pilzgericht ist heute immer noch aktuell, besonders wenn der Pilzfund in den heimischen Wäldern nicht so üppig ausgefallen ist.

Nudelpfanne mit Hackfleischsauce

100 g Zwiebelwürfel,
1 Knoblauchzehe, 20 g Butter,
200 g Bandnudeln, 100 g saure Sahne, 1 Eigelb, 1 TL Basilikum,
20 g Parmesankäse, 1/4 TL Salz
Sauce:
400 g gewürztes Gehacktes,
1-2 EL Tomatenketchup, 1 TL Mehl,
100 g saure Sahne (10 % Fettgehalt),
125 ml Weißwein, 125 ml Wasser,
2 TL Öl

Zwiebelwürfel und zerdrückten Knoblauch in der Butter dünsten und die gekochten, gut abgetropften Nudeln darin schwenken. Saure Sahne, Eigelb, Käse, Basilikum und Salz verquirlen und über die Nudeln geben. 10-20 Minuten bei 180° C in der Röhre überbacken.
Inzwischen das gewürzte Gehackte in wenig Öl krümelig braten, Mehl darüber stäuben, Ketchup und saure Sahne unterrühren. Weißwein und Wasser zugeben. Alles einköcheln lassen.
Auflauf auf vier Tellern mit der Sauce anrichten.

„Eingeschnittene" auf Ziegenrücker Art

3-4 übriggebliebene Thüringer Klöße,
50 g Bauchspeck,
20 g Margarine,
1 El Majoran,
200 g Blutwurst,
4 Eier, 1 El Öl,
Sauergemüse (aus dem Glas oder selbstgemacht)

Die vom Vortag übriggebliebenen Klöße in 1/2 bis 1 cm dicke Scheiben schneiden. Speckwürfel in Margarine erhitzen. Klöße dazugeben und beidseitig braun braten. Mit reichlich Majoran bestreuen. In einer anderen Pfanne die in Scheiben geschnittene Blutwurst kurz anbraten und alles mit je einem Spiegelei und Sauergemüse anrichten (siehe Foto).

Dieses in Ziegenrück überaus beliebte Gericht lässt sich nur weiterempfehlen.

Kartoffel-Bohnen-Auflauf

600 g Kartoffeln,
100 g magerer Bauchspeck,
1 TL Majoran,
1/4 TL Salz, Pfeffer,
400 g gewürztes Gehacktes,
200 g Zwiebelwürfel, 2 EL ÖL,
400 g Schnippelbohnen aus dem Glas,
200 g saure Sahne,
200 ml Milch,
40 g Parmesankäse,
3-4 EL gehackte Kräuter (Petersilie, Schnittlauch),
1 EL Semmelmehl, 1 EL Butter

Kartoffeln 10 Minuten kochen, dann schälen und in Scheiben schneiden. Kleingewürfelten Bauchspeck ausbraten und die Kartoffelscheiben darin schwenken. Mit Salz, Pfeffer und Majoran würzen. Gehacktes mit Zwiebelwürfeln im heißen Öl krümelig braten und die gut abgetropften Bohnen unterrühren. Die Hälfte der Kartoffelmasse in eine gefettete Auflaufform geben. Das Hackfleisch-Bohnen-Gemisch darüber verteilen und mit dem Rest Kartoffelmasse abschließen. Mit gehackten Kräutern bestreuen und den in Milch und Sahne verquirlten Parmesankäse auf dem Auflauf verteilen. Zum Schluss etwas Semmelmehl und Butterflöckchen darüber verteilen. In 20 Minuten bei 180-200° C im Ofen überbacken.

Ein wunderbares Gericht!

Saure Leber

100 g Zwiebel, 1 EL Öl,
1 EL Mehl,
1 TL Majoran, 1/2 TL Salz,
Pfeffer aus der Mühle,
2 TL Essig (5%),
1 TL Zucker,
1/2 l Brühe (1 geh. TL Pulver),
400 g Leber,
2 EL Öl,
40 g gebräunte Butter

Zwiebelscheiben in heißem Öl goldgelb rösten, Mehl darüber stäuben und rühren, bis alles bräunlich wird. Mit

Brühe ablöschen, alle Gewürze zugeben und etwas einköcheln lassen. Die in Scheiben geschnittene Leber im heißen Öl beidseitig braten und in die heiße Sauce legen. Braune Butter darüber gießen und noch einige Minuten durchziehen lassen.

Tipp ***Kartoffelpürree und Gartensalat ergänzen dieses uralte Bauerngericht.***

Blumenkohlauflauf

600-700 g Blumenkohlröschen,
300-400 g Gehacktes, halb und halb,
1 TL Salz, Pfeffer,
100 g Zwiebelwürfel, 2 TL Öl,
1-2 EL Tomatenketchup,
200 ml Rindsbouillon,
200 ml Milch,
2 Eier oder nur 2 Eigelbe,
1 EL geröstetes Semmelmehl,
25 g Parmesankäse,
Salz, Muskat, Pfeffer,
1 EL Semmelmehl,
100 g Reibekäse, 40 g Butter

Die Blumenkohlröschen in $^{3}/_{4}$ l Wasser 8 Minuten kochen. Das Gehackte mit Salz und Pfeffer würzen und in wenig Öl mit Zwiebelwürfeln unter Rühren krümelig braten. Ketchup unterrühren, Bouillon zugeben. Alles einschmoren lassen. In eine gefettete Auflaufform umsetzen, Röschen darüber verteilen. Eier, geröstetes Semmelmehl und Parmesankäse in der Milch verquirlen. Mit Salz, Pfeffer und Muskat abschmecken und über den Blumenkohl gießen. Semmelmehl und Reibekäse vermengen und ebenfalls darüber streuen. Butterflöckchen aufsetzen und bei 225° C in 10-15 Minuten goldbraun überbacken.

Blumenkohl ist so sättigend, dass eine Beilage nicht nötig ist.

Champignonröllchen

1 kleines Glas (oder Dose 375 ml) Champignons,
1 EL Butter, Salz, Pfeffer,
4 dickere Scheiben Kochschinken,

200 g Schlagsahne,
1 EL Tomatenketchup,
1 Schnapsglas Weinbrand,
50 g Parmesankäse,
1 EL Semmelmehl,
100 g Gratinkäse (Reibekäse)

Champignons in Butter dünsten, mit Salz und Pfeffer würzen und auf den Schinkenscheiben verteilen. Zusammengerollt in eine Auflaufform geben. Ketchup, Weinbrand und Parmesankäse in der Sahne verquirlen und über die Röllchen gießen. Semmelmehl mit Reibekäse vermischt darüber streuen. In 20 Minuten bei 200° C knusprig braun überbacken.
Dazu schmecken trockener Reis und junge Erbsen kurz in Butter gedünstet wunderbar.

Kerstins Kartoffelgratin

700 g gekochte Kartoffeln,
400-500 g Gehacktes, mit Salz, Pfeffer und Kümmel gewürzt,
je 1 EL Öl und Butter,
100 g Zwiebelwürfel,
500 g Champignons (TK oder 2 kleine Gläser),
Salz, Pfeffer,
je 1 TL Rosmarin, Basilikum und Thymian (frisch oder getrocknet),
2 gestr. EL Mehl,
30 g Butter,
1/4 l kräftige Gemüsebrühe (aus 3 TL Pulver), 250 ml Milch,
100 g Reibekäse, 1 EL Semmelmehl

Die nicht zu weich gekochten Kartoffeln abpellen, in Scheiben schneiden und zur Hälfte in eine Auflaufform schichten. Hackkügelchen im Öl-Butter-Gemisch braun braten und über den Kartoffelscheiben verteilen. Zwiebelwürfel, abgetropfte Champignons mit wenig Salz und Pfeffer und den Kräutern im Bratfett etwas braten lassen und über den Auflauf geben.
Restliche Kartoffelscheiben darüber schichten. Mehl in heiße Butter rühren, Gemüsebrühe und Milch zugeben, aufkochen lassen und über den Auflauf gießen. Zuletzt mit Käse-Semmelmehl-Gemisch bestreuen. In 20-30 Minuten bei 200° C goldbraun backen.
Dazu einen frischen Salat reichen.

Fleisch, Fisch und leckere Beilagen

Försterinnensauce zu Semmelklößen

500-600 g Pfifferlinge
(oder andere Waldpilze),
50 g Schinkenspeck,
1 EL Butter,
100 g Zwiebelwürfel,
1 EL Mehl,
125 ml Weißwein,
200 g Schlagsahne,
1/4 l Rindsbouillon,
1 TL Zucker,
Salz, Pfeffer,
1-2 EL gehackte Petersilie,

Semmelklöße:
6 Semmelköpfe,
1/4 l Milch,
2 Eier,
2 EL Mehl, Salz,
2 gestr. TL Backpulver,
2 EL Semmelmehl

Pilze in lauwarmem Wasser gut durchwaschen. Kleine Schinkenspeckwürfel in Butter erhitzen. Zwiebelwürfel und Pilze zugeben. Zugedeckt 10 Minuten dünsten. Nun aufdecken und braten, bis das Wasser verdampft ist und die Pilze schön glänzen. Aus der Pfanne nehmen und evtl. noch etwas Butter ins Bratfett rühren. Mehl einrühren, goldgelb schwitzen. Den Wein zugeben. Sahne, gehackte Petersilie untermischen. Brühe zugießen. Mit Salz, Pfeffer und Zucker lieblich abschmecken und die Pilze wieder in die Sauce geben. Semmelköpfe in Würfel schneiden, mit heißer Milch übergießen, 10 Minuten weichen lassen. Mit Ei, Mehl, Salz und Backpulver vermengen. Klöße formen, in Semmelmehl wenden und in kochendes Wasser geben. 20 Minuten ziehen lassen.

Ein schmackhaftes leichtes Sommeressen.

Tipp

Wer es würzig liebt, kann 50 g Zwiebelwürfel in wenig Öl mit 2 EL gehackter Petersilie glasig braten und unter den Kloßteig mischen.

Feuertopf

800 g Schweineschulter,
2 EL Margarine,
2 TL Salz, Pfeffer aus der Mühle,
300 g Zwiebelwürfel,
1/2 l Brühe (1 TL Pulver),
je 1 rote und grüne Paprikaschote,
je 1 TL Curry- und Paprikapulver,
Cayennepfeffer, Tabasco,
2 TL Essig, 1/2 TL Zucker,
evtl. 1 TL Speisestärke

Das Fleisch in 8-10 große Würfel schneiden, salzen, pfeffern und ringsum in heißer Margarine anbraten. Zwiebelwürfel zugeben und weiterbraten, bis die Zwiebel glasig ist. Mit einer Tasse Brühe ablöschen und alle Gewürze zugeben. Etwas schmoren lassen, den Rest Brühe zugießen und zugedeckt 90 Minuten bei 200° C in der Röhre garen. Deckel abnehmen, Paprikastreifen zugeben und noch 30 Minuten bei abgestellter Röhre nachgaren. Sauce evtl. leicht binden.
Zu diesem feurigen Gericht passen am besten Nudeln oder Kartoffelpüree und grüner Salat.

Rahmpfifferlinge auf Schweinelendchen

500 g Pfifferlinge,
100 g Zwiebelwürfel,
25 g Butter, 2 geh. TL Mehl,
1/4 TL Zucker,
1/4 l Pilzbouillon oder Fleischbrühe,
200 g Schlagsahne,
je 1/2 TL Rosmarin,
Basilikum und Salz,
1 TL Zitronensaft
Braten:
300-400 g Lende,
1-2 EL Öl,
Salz, Pfeffer,
je 1 EL Mehl und Semmelmehl
vermischen

Pfifferlinge in einer Schüssel mit lauwarmem Wasser einige Male gut durchwaschen, gut abtropfen lassen und zerschneiden. Zwiebelwürfel in heißer Butter goldgelb schwitzen, Pilze hinzugeben und kochen, bis das Wasser verdunstet ist. Unter Rühren noch etwas braten lassen. Aus der Pfanne nehmen. Mehl und Zucker im Bratensatz etwas bräunen. Mit 1/2 Tasse Brühe ablöschen, Sahne zugeben und die restliche Brühe. Mit Kräutern, Salz, Pfeffer, Zucker und Zitrone fein lieblich abschmecken und so lange köcheln lassen, bis eine sämige Sauce entstanden ist. Pilze wieder zugeben.
Die leicht geklopften und von der Haut befreiten Lendchen mit Öl bepinseln, leicht salzen und pfeffern und in Mehl-Semmelmehl-Gemisch wenden. Beidseitig in 2-3 Minuten schön braun braten. Aus der Pfanne nehmen, den Bratsatz mit 1/4 Tasse Wasser ablöschen und unter die Pilze rühren. Dann alles über die Lendchen geben.

Mit Röstkartoffeln und Gartensalat ein fürstliches Mahl.

Schäferschnitzel mit Rahmbohnen

300-400 g Gehacktes,
50 g feingewürfelte Zwiebel,
1 eingeweichter Semmelkopf,
1 Ei, 1 TL Kümmel,
Salz, sparsam Pfeffer,
2 EL feingehackte Kräuter,
150 g Schafskäse (Feta),
2 EL Semmelmehl, 3 EL Öl
Rahmbohnen:
Schnitzelbratfett,
1 EL Semmelmehl oder Mehl,
1 Tasse Gemüsebrühe (1 TL Pulver),
100 g Schmand, $^1/_2$ TL Zucker,
Salz, Pfeffer, 400-500 g Bohnen
(wahlweise grüne oder aus der Dose)

Alle Zutaten verkneten, zum Schluss den gewürfelten Käse untermischen. 20 Minuten ruhen lassen. 4 Klöße formen, etwas breitdrücken und in Semmelmehl wenden. Pro Seite im heißen Öl 8 Minuten braten lassen. Aus der Pfanne nehmen und das Semmelmehl im Bratfett leicht rösten, Brühe auffüllen und den Schmand einrühren. Mit Salz, Pfeffer und Zucker abschmecken und die in Salzwasser weichgekochten grünen Bohnen gut abgetropft untermischen. Mit Salzkartoffeln oder Kartoffelpüree auf den Tisch bringen.

Schlemmerbrätel

(für 10-12 Personen)

2 EL Öl, 2 TL Zucker
500-600 g Zwiebelwürfel,
je 3 TL Gewürzsalz und Steakgewürz,
14-16 Rostbrätel (Kammscheiben
á 150 g), Salz, Pfeffer,
4 kleine Gläser Champignons,
2-3 Becher Schlagsahne (á 200 g),
2-3 Becher Vollmilchjoghurt (á 150 g)

Öl in einer breiten Pfanne erhitzen, Zucker einrühren, leicht bräunen. Die Zwiebelwürfel und die Gewürze zugeben, alles unter Rühren 4-5 Minuten schmoren lassen. Nun die Rostbrätel dicht nebeneinander auf ein gefettetes, ringsum geschlossenes Kuchenblech oder die Fettpfanne legen. Sparsam mit Salz und Pfeffer würzen. Abgetropfte Champignons darüber streuen. Nun die

Zwiebelwürfel auf dem Fleisch verteilen. Sahne mit Joghurt verquirlen und über die Brätel gießen. Das Blech kann mehrere Stunden, auch über Nacht so stehen bleiben. Röhre auf 250° C vorheizen, bei 180° C das Fleisch in 90 Minuten garen.

Mit frischem Bauernbrot und buntem Salat serviert, ist dies ein beliebtes Essen, wenn viele Gäste kommen.

Tipp ***Wenn es besonders schnell gehen soll, kann man an Stelle der gerösteten Zwiebeln auch 2 Beutel Zwiebelsuppe über das Gericht streuen.***

Bauernschmaus

250 g Zwiebelringe,
1 EL Öl,
300-400 g Blutwurst,
500 g Kartoffeln,
75-100 g Mehl,
1/2 TL Salz, Muskat,
2 EL Semmelmehl,
1 gestr. EL Zucker

Majoransauce:
1 EL Butter, 1 EL Mehl,
1/4 l Brühe (1 TL Pulver),
100 g Schmand,
1 Eigelb, 1-2 EL Majoran

Zwiebelringe mit Öl in einer breiten Antihaftpfanne zugedeckt langsam in 1/2 Stunde weichdünsten. Aufgedeckt goldgelb braten, an die Seite schieben und die Blutwurstscheiben (ca. 1 cm dick) in gleicher Pfanne beidseitig kurz anbraten. Die inzwischen gekochten Pellkartoffeln abpellen, durchpressen, mit Mehl, Salz und Muskat vermischen. Walnussgroße Kugeln formen, etwas breitdrücken, in Semmelmehl-Zucker-Gemisch wenden und im heißen Öl knusprig braun braten.
Für die Sauce das Mehl in heißer Butter goldgelb schwitzen, Brühe auffüllen und aufkochen lassen. Eigelb und Schmand verrühren und in die vom Herd genommene Sauce quirlen. Nach Geschmack mit Majoran würzen.
Zwiebeln über die Blutwurst geben, Kartoffelplätzchen daneben und die Sauce darum verteilen. Traditionell gehört noch rohes Sauerkraut dazu.

Höllenhuhn mit Kohlrabistiften und Watteklößen

1 Hähnchen (Keulen oder Brüste),
2 EL Öl, 1-2 EL Zitronensaft,
2 TL Senf, 1 TL Honig,
1 TL Paprika, 1/2 TL Curry,
2 geh. TL Salz,
Pfeffer aus der Mühle,
je 1 EL Butter und Margarine,
3/4 l leichte Hühnerbrühe
(1 geh. TL Pulver),
100 g Zwiebelwürfel, Tabasco,
1 Knoblauchzehe, 2 TL Speisestärke

Öl, Zitronensaft, Senf, Honig, Paprika, Curry, Salz und Pfeffer verrühren und die Hähnchenteile damit einreiben. Über Nacht stehen lassen. Im heißen Butter-Margarine-Gemisch bei nicht zu starker Hitze langsam anbraten. Mit 1 Tasse Brühe ablöschen, einbraten lassen, die groben Zwiebel- und Knoblauchwürfel zugeben. Etwas einbraten lassen und die Hälfte der restlichen Brühe zugeben. Aufgedeckt bei 150-175° C 60 Minuten braten lassen. Zwischendurch den Bratsatz von den Rändern in die Sauce kratzen und den Rest Brühe zugeben. Sauce durch ein Sieb drücken und mit Speisestärke binden. Mit Tabasco würzig abschmecken.

Wattekloße:
750 g gekochte Kartoffeln,
125 g Kartoffelstärke,
125 ml Milch, 1/2 TL Salz, 1 TL Butter,
1/2 Semmel in Würfel schneiden, rösten

Frischgekochte Kartoffeln abgießen, in einer Schüssel zerstampfen, mit Salz und Stärke vermischen. Mit der Milch brühen und alles untereinander stampfen. Klöße formen, 2-4 Semmelröstel je Kloß hineingeben, im kochenden Wasser 15-20 Minuten ziehen lassen.

Kohlrabistifte:
3 Kohlrabi (ca. 500 g), 1 TL Salz,
1 TL Butter, 1/4 Tasse Wasser

Die geschälten Kohlrabi in Scheiben, dann in Stifte schneiden, mit Salz vermischen und etwas durchkneten. In wenig heißem Wasser mit wenig Butter zugedeckt in 10-15 Minuten langsam weichdünsten.

Kohlrabistifte gibt es in Thüringen oft zu Geflügel oder Schweinebraten. Meist werden die Kohlrabistifte gleich mit dem Dünstwasser unter die Bratensauce gemischt.

Kasselerbraten zu Sauerkraut

1 kg Kasselerkamm,
50 g Zwiebel, 2 TL Essig,
20 g Butterschmalz,
5 Wacholderbeeren,
2 kleine Lorbeerblätter,
1 Tomate, 1 Glas Weißwein,
1/2 l Wasser, 1 TL Speisestärke
Sauerkraut:
50 g Zwiebelwürfel,
75 g Bauchspeck,
30 g Schweinefett,
500 g Sauerkraut,
1/2 Lorbeerblatt,
je 2 Piment- und Wacholderbeeren,
je 1 TL Salz, Zucker und Kümmel,
3/8 l Wasser, 1 Kartoffel

Die gewürfelte Zwiebel in heißem Butterschmalz in nicht zu großer Pfanne glasig dünsten. Mit 1 Tasse heißem Wasser ablöschen, Gewürze, Tomate und Essig zugeben und alles durchkochen. Fleisch hineinlegen, Wein und noch etwas Wasser zugeben und zugedeckt 50-60 Minuten bei 200-220° C garen. Zwischendurch heißes Wasser zugeben und den Bratsatz von den Rändern in die Sauce kratzen. Ohne Deckel noch 20 Minuten bei 175° C bräunen, Röhre abschalten und noch 10 Minuten ruhen lassen. Die Sauce durch ein Sieb drücken und mit Speisestärke binden. Es sollte reichlich 1/4 Liter Sauce entstehen.

Den Bauchspeck kleinwürfeln und mit Schweinefett bei milder Hitze langsam ausbraten. Zwiebelwürfel zugeben und kurz glasig schwitzen. Sauerkraut (falls es sehr sauer ist, etwas ausdrücken) zugeben und etwas mitschwitzen. Wasser und Gewürze zugeben und 60 Minuten garen. Eine rohe geriebene Kartoffel unterrühren und aufkochen lassen. Mit Semmel- oder Serviettenkloß ergänzen.

Tipp ***Zu saures Kraut wird mit Salz und Zucker etwas milder.***

Zwiebelhaxe

2 kg Dickbein, 1 geh. TL Kümmel,
4 leicht geh. TL Salz,
1 TL Rosmarinnadeln,
Pfeffer aus der Mühle,
300 g Zwiebeln,
1 Lorbeerblatt, 5 Pimentkörner,
1 Tasse helles Bier,
1 TL Speisestärke

Kümmel, Salz, Pfeffer und gehackte Rosmarinnadeln vermengen und die Haxe ringsum mit dem Gemisch einreiben. 1 Stunde stehen lassen. Mit der Hautseite nach unten in die Pfanne legen. $^1/_4$ l heißes Wasser zugießen und zugedeckt bei 200° C $^1/_2$ Stunde braten. Nun die Schwarte karoartig einschneiden und das Fleisch unter öfterem Wenden noch 1 Stunde bei 200° C in der Röhre braten, dabei öfter mit Bratfett begießen. Ist alles schön gebräunt, die Zwiebelwürfel und die Gewürze zugeben (evtl. auch etwas Wasser) und eine weitere Stunde garen. In der letzten Viertelstunde das Fleisch mit der Hautseite nach oben legen, öfter mit Bier begießen und aufgedeckt braten lassen, bis die Schwarte gebräunt ist (evtl. Grill einschalten). Vorsicht! Die Haxe soll knusprig sein, aber nicht hart. Die Sauce mit Speisestärke binden. Zum Fleisch Sauerkraut und Klöße reichen.

Schöpsernes (Hammel)

800 g Schaffleisch,
1 EL Margarine,
je 2 TL Salz und Kümmel,
Pfeffer aus der Mühle,
$^1/_2$ l Brühe oder Wasser,
2 Knoblauchzehen,
500 g Porree,
1 Semmelkopf, 2 TL Butter

Schaffleisch, das im Ganzen kein schönes Bratenstück gibt, in Gulaschwürfel schneiden. Mit Salz, reichlich Pfeffer und Kümmel würzen und in heißer Margarine ringsum anbraten. $^1/_2$ l heißes Wasser oder Knochenbrühe zugeben und in der Röhre zugedeckt bei 200° C Hitze 50-60 Minuten garen. Evtl. Brühe oder Wasser nachgießen und aufgedeckt nachgaren. Den Porree in

1 cm große Ringe schneiden, zum Fleisch geben und in 10 Minuten weichkochen. Dabei soviel heißes Wasser nachgießen, wie man Sauce zu den Klößen haben möchte. Semmel in Scheiben, dann in kleine Würfel schneiden, in Butter anrösten und erst am Tisch auf die Sauce streuen, damit sie nicht gleich aufweichen. Dazu gibt es Watte- oder Stärkeklöße, aber auch Thüringer Klöße.

Ein beliebtes Gericht aus sehr alter Zeit. Fleisch von älteren Schafen nennt man Hammel oder auch Schöps. Ist das Schaf noch kein Jahr alt, spricht man vom Lamm.
Ein fetter Hammelbraten verlangt reichlich Zwiebel und Kümmel.

Obstklößchen

(Für 25-30 Klößchen)

600 g Kartoffeln (auch vom Vortag),
125 g Mehl, 50 g Grieß,
1/2 TL Salz, 1 Ei,
2 EL Zucker,
25-30 Früchte
(z.B. Aprikosen, Pflaumen, Erdbeeren, Mirabellen),
2-3 EL Semmelmehl,
50 g Butter, 3-4 EL Staubzucker

Die gekochten Kartoffeln erkaltet schälen und durchpressen. Mit Mehl, Salz, Grieß und Ei verkneten und eine Rolle formen. Dicke Scheiben (etwa 60 g) abschneiden und je eine Frucht entsteint mit etwas Zucker bestreut auf die Teigscheibe legen und ringsum festdrücken. In siedendem, leicht gesalzenen Wasser 15-20 Minuten ziehen lassen. Semmelmehl in 1-2 TL Butter leicht rösten und die gut abgetropften Klößchen darin wälzen. Auf eine Platte legen und mit leicht gebräunter Butter begießen und dick mit Staubzucker besieben. Vanillesauce dazu reichen.

Ein wunderbares leichtes Sommeressen.

Tipp ***Der Teig muss ganz schnell und zügig verarbeitet werden, langes Stehen macht ihn weich und klebrig.***

Rehbraten

(Rücken oder Keule)

1 kg Wildfleisch, 50 g fetter Speck,
50 g Butter, 20 g Margarine,
2 TL Salz, Pfeffer aus der Mühle,
1 Scheibe Speck (ca. 20 g),
4 Wacholderbeeren,
50 g Zwiebel, 200 g Schmand,
2-3 EL Zitronensaft,
2 TL Speisestärke, 1 Prise Zucker

Das Fleisch kurz abwaschen, häuten, mit Speck spicken und mit Zitronensaft einreiben, dann 1-2 Stunden stehen lassen. Den Speck mit Margarine erhitzen, das mit Salz und Pfeffer gewürzte Fleisch dazugeben und in 10-12 Minuten ringsum braun anbraten. Dabei ab und zu mit etwas zerlassener Butter begießen. Zwischendurch den dunklen Bratsatz mit heißem Wasser ablöschen. Nun die zerdrückten Wacholderbeeren und die gewürfelte Zwiebel zugeben. Schmand mit 2 EL Wasser verquirlt über das Fleisch gießen und etwas verbraten lassen. Nun knapp 1/2 l Wasser an der Seite zugießen und den Rest Butter über das Fleisch träufeln. Zugedeckt bei 170-190° C 60 Minuten Rehrücken, bzw. 90-100 Minuten Rehkeule, braten lassen. Bei abgestellter Röhre aufgedeckt noch nachgaren. Sauce sieben und mit Speisestärke binden (evtl. Fett abschöpfen). Sauce mit Salz, Zucker und wenig Zitronensaft lieblich abschmecken.
Den Braten mit Thüringer Klößen, Rotkraut und Preiselbeerkompott vervollständigen.

Tipp **Das Reh ist ein Feinschmecker. Es bevorzugt nur das beste – zarte Gräser, Blattspitzen, Kräuter u.ä.. Damit der Eigengeschmack dieses vornehmen Bratens erhalten bleibt, sollte das Fleisch nicht überwürzt werden.**

Krustenfisch

50-75 g magerer Bauchspeck,
400 g Fischfilet,
3-4 TL Zitronensaft,
1/2 TL Salz, Pfeffer aus der Mühle,
1 Glas Champignons,
2 EL Tomatenketchup,
100 g Schmand,
100 g Reibekäse,
2 EL Semmelmehl,
100 g Zwiebelwürfel,
2 TL Butter

Dünne Bauchspeckscheiben in die Auflaufform legen. Fischfilets darüber legen. Mit Zitronensaft, Salz und Pfeffer würzen. Abgetropfte Champignons und Zwiebelwürfel in wenig Butter braten und über den Fisch streuen. Den mit Tomatenketchup verquirlten Schmand darauf verteilen und mit Käse-Semmelmehl-Gemisch bestreuen. Bei 175° C in 35-40 Minuten backen.

Mit dickem Reis und in wenig Butter geschwenkten Feinfrosterbsen oder zu Bratkartoffeln servieren.

Fischfilet im Backteig zu grüner Sauce und Röstkartoffeln

je 2 EL Mehl und Wasser,
1 Ei, 2-3 EL Öl, 500 g Fischfilet,
1 EL Zitronensaft, Salz, Pfeffer
Grüne Sauce:
5-6 EL frische Kräuter (Petersilie, Schnittlauch, Dill, Kerbel),
100 ml Schlagsahne,
150 g Vollmilchjoghurt,
je 1/2 TL Salz, Pfeffer aus der Mühle,
2 TL Zitronensaft,
1 Prise Zucker

Ei, Mehl und Wasser zu einem nicht zu dicken Teig verrühren. Fischfilet trockentupfen, mit Zitronensaft beträufeln, salzen, pfeffern, leicht in Mehl wenden, durch den Backteig ziehen und in heißem Öl goldbraun braten.

Die feingehackten Kräuter mit Sahne und Joghurt verquirlen und mit Zitronensaft, Salz, Pfeffer und Zucker lieblich mild abschmecken. Die Sauce über den Fisch geben und mit Röstkartoffeln auf den Tisch bringen.

Butterfisch

200 g Möhre, 100 g Porree,
50 g Zwiebel,
1 leicht geh. TL Salz,
Pfeffer aus der Mühle,
100 g Sellerie,
je 5 Piment- und Pfefferkörner,
1 Lorbeerblatt, 2 Nelken,
2 TL Essig (5 %),
$^{1}/_{2}$ l Wasser,
600 g Fischfilet
(Rotbarsch, Lachs o.ä.),
Salz, Pfeffer,
1 EL Zitronensaft

Für die Sauce:
je 2 TL Butter und Mehl,
2 Eigelb,
$^{1}/_{2}$ Tasse saure Sahne,
1 EL gehackter Dill,
2 EL gehackte Petersilie,
etwas Meerrettich,
Zitrone, Zucker,
100-125 g zerlassene Butter

Das in Scheiben geschnittene Gemüse mit allen Gewürzen und Salz in eine Pfanne geben. Heißes Wasser darüber gießen und in 20 Minuten alles weichkochen. Fischfilet auf das Gemüse legen. Mit Zitronensaft beträufeln, wenig Salz und Pfeffer darüber streuen. 15-20 Minuten zugedeckt auf mildem Feuer ziehen lassen. Mehl in heiße Butter rühren, $^{1}/_{4}$ l von der Fischbrühe zugeben und alles ca. 5 Minuten etwas einköcheln lassen. Eigelb mit saurer Sahne verquirlen und in die heiße Sauce rühren. Nicht mehr kochen! Die feingehackten Kräuter untermischen. Die Sauce mit wenig Meerrettich, Zucker und Zitrone pikant abschmecken.
Fisch mit Gemüse auf einer Platte anrichten und reichlich zerlassene Butter darüber geben.
Mit Salzkartoffeln ergänzen.

Tipp

Der Fisch darf nicht kochen, er soll nur dünsten. So wird er zart und die Fischbrühe besonders aromatisch.

Fürs Abendbrot

Hackbraten vom Blech

1 kg Gehacktes,
Salz, Pfeffer, Kümmel,
300 g Reibekäse,
4 Eier, 1 TL Paprika,
2 EL Petersilie,
2 Knoblauchzehen,
3 Zwiebeln,
3 TL Senf,
3 TL Tomatenmark,
50 g Semmelmehl,
je 1 rote, grüne und gelbe Paprikaschote

Gehacktes mit allen Zutaten vermischen, durchkneten und kräftig abschmecken. Auf ein gut gefettetes Blech ca. 1-2 cm dick aufstreichen und mit gewürfeltem bunten Paprika bestreuen. In 25-30 Minuten bei 180-200° C in der Röhre backen und erkaltet in Stücke schneiden.
Schmeckt kalt oder wieder warm gemacht zu Butterbrot oder Kartoffelsalat.

Tipp ***Gut geeignet für die Bewirtung vieler Gäste.***

„Affenfett“

50 g Bauchspeck, 50 g Zwiebel,
1 große Tasse Milch,
je 1 TL Mehl und Majoran, 1/4 TL Salz,
Pfeffer aus der Mühle, 1 Ei

Speck- und Zwiebelwürfel bei leichtem Feuer glasig braten. Milch, Salz, Ei, Majoran und Pfeffer verquirlen und in die Speckpfanne rühren. Kurz stocken lassen, nochmals durchrühren, nicht zu fest werden lassen. Zum Abendessen mindestens 1 cm dick noch lauwarm auf frisches Brot streichen.

Tipp

Die gesamte Region kannte das Affenfett in den 40er Jahren als einen köstlichen Brotaufstrich aufs Pausenbrot für die Schule oder als Handwerkerfrühstück.

Kutscherbrot

Blutwurstscheiben,
Zwiebelstreifen,
Majoran, saure Gurken

Dicke Blutwurstscheiben beidseitig braun anbraten, Zwiebelscheiben gleich mit anschwitzen und mit reichlich Majoran bestreuen. Dazu frisches Bauernbrot und saure Gurken.

Ölheringe

1 Packung Heringsfilets (Matjesart),
50 g Zwiebelwürfel,
1 großes Lorbeerblatt,
1 TL Pimentkörner, etwas zerdrückt,
je 3 EL Öl und abgekochtes Wasser,
Pfeffer aus der Mühle

Heringsfilets aus der Packung nehmen und 1-2 Stunden in kaltes Wasser geben. Gut abgetrocknet jedes Filet in 3 Stücke schneiden und abwechselnd mit Zwiebelwürfeln, Piment und zerrissenen Lorbeerblättern in eine Schüssel legen. Öl mit Wasser und etwas Pfeffer verrührt zwischen und über die Heringe gießen.

Der Fisch ist am nächsten Tag gut durchgezogen und schmeckt köstlich zu Butterbrot oder Buttersemmel.

Paprikasalat

300 g bunte Paprikawürfel,
50 g Porree oder Zwiebel,
je 100 g Fleischwurst und Schnittkäse,
100 g Gewürzgurken,
je 1 EL Öl, Obstessig und Schmand,
je 1/4 TL Zucker und Salz,
Pfeffer aus der Mühle

Alle Zutaten in kleine Würfel schneiden. Schmand mit Zucker, Salz, Essig und Pfeffer zu einer Marinade verrühren und unter den Salat rühren. Zum Schluss das Öl unterziehen.

Appetitsalat

5 gekochte Eier,
2 gewässerte Heringsfilets,
2 kleine Gewürzgurken,
je 1 TL Senf und Zitronensaft,
1/4 TL Zucker,
2 EL Crème fraîche,
Tomate, gehackte Petersilie

Heringsfilets aus der Packung nehmen und 1 Stunde wässern. Gut abgetrocknet in Würfel schneiden. Kleingewürfelte Gurke zugeben. Senf, Zitronensaft, Zucker und Crème fraîche (oder auch Salatcreme mit Joghurt vermischt) verrühren und mit dem Hering vermischen. Die in Scheiben geschnittenen Eier vorsichtig unterheben. Den Salat mit Tomatenscheiben und Petersilie garnieren.

Schäfersalat

200 g Schafskäse,
100 g rote Paprika aus dem Glas,
100 g kleine Gewürzgurken,
50 g dünne Porreestange,
2 EL Olivenöl,
3-4 EL Paprikabrühe aus dem Glas,
evtl. einige dunkle, halbierte Oliven

Käse und Paprika in ganz kleine Würfel, Gurke und Porree in feine Scheibchen schneiden. Paprikabrühe und Öl untermischen. Wer sie mag, kann Oliven zugeben.

Der kleine Nachtisch

Schneewittchenspeise

reichlich 1/4 l Milch,
2 EL Zucker,
1 Päckchen Vanillesauce,
250 g Magerquark,
1 Tasse Sauerkirschen
(frisch oder Konserve),
etwas Staubzucker,
1-2 EL Schokoraspeln

Aus Milch, Zucker und Saucenpulver eine nicht zu dünne Sauce kochen. Abgekühlt unter den Quark schlagen. Eine Hälfte der Masse mit kleingeschnittenen Kirschen vermischen und mit etwas Staubzucker abschmecken. Unter die andere Hälfte Schokoraspeln rühren. Schichtweise in Gläser füllen.

Quarkbecher

250 g Sahnequark,
4 EL Eierlikör, 1 EL Zucker,
Kaffeepulver oder Schokoraspeln

Alle Zutaten verrühren, evtl. ein wenig Milch zugeben. Mit Kaffepulver oder Schokoraspeln bestreuen.

Zitronensahne

*je 4 EL Zitronensaft,
Wasser und Zucker,
1/2 TL Zitronenschale,
1/2 Päckchen Gelatine,
200 g Schlagsahne,
Löffelbiskuits, Schokoraspeln*

Wasser, Zitronensaft und -schale mit Zucker kochen, bis der Zucker gelöst ist. Gelatine in 2 EL Wasser auflösen und in die noch warme Zitronenmasse rühren. Sahne ganz steif schlagen und die völlig erkaltete, aber noch flüssige Masse allmählich unter die Sahne schlagen. Mit Löffelbiskuits und Schokoraspeln dekorieren. Kühl stellen.

Schokospeise

*80 g Bitterschokolade, 2 getrennte Eier,
1 EL Zucker, 2 EL Wasser*

Schokolade mit Zucker und Wasser langsam schmelzen. Eigelb vorsichtig in die nur lauwarme Masse rühren. Eiweiß sehr steif schlagen. Zuerst nur 2 EL Eischnee unter die Schokomasse rühren, den Rest mit einem Schneebesen locker unterheben. Vor dem Servieren 2 Stunden kalt stellen.

Kirschkaltschale

3-4 EL Zucker, 1 Stück Zitronenschale,
1 geh. EL Kartoffelstärke,
evtl. etwas Weißwein,
3/4 l-Topf Sauerkirschen,
1 Semmelkopf, 2 TL Butter

Zucker und Zitronenschale in 1/2 l Wasser aufkochen lassen. Stärkemehl in wenig Wasser oder Weißwein anrühren und das Zuckerwasser damit andicken. Die Sauerkirschen zugeben und alles 2-3 Minuten kochen lassen. Kleine Semmelwürfel in Butter rösten und am Tisch über die kalte erfrischende Sommersuppe geben.

Diese wunderbare Süßspeise habe ich mit 5 Jahren zu Besuch bei einem Kleingärtner in Gera kennengelernt. Nun wird damit unser Speiseplan im Sommer bereichert.

Gartenernte haltbar gemacht

Rhabarberkompott

Schlechtes und Hartes von den Rhabarberstengeln abziehen. Gebündelt auf ein Brett legen und in 4-5 cm lange Stücke schneiden. Abwiegen:

500 g Rhabarberstücke,
$^1/_2$ l Wasser,
100 g Zucker,
1 TL Natron,
125 ml Wasser

Die Rhabarberstücke in $^1/_2$ l kochendes Wasser geben, evtl. mit 1 TL Natron versetzen. Das nimmt die Strenge und Schärfe. Kurz aufkochen lassen und über einen Durchschlag abgießen. Zucker mit 125 ml Wasser langsam zum Kochen bringen, bis der Zucker sich gelöst hat. Rhabarberstücke einlegen, kurz aufkochen lassen, vom Feuer nehmen. Bis zum Erkalten zugedeckt stehen lassen.

Tipp

Zum Rhabarber sollte man eine etwas dicker gekochte Vanillesauce oder Schlagsahne reichen, weil Rhabarber zu den Calciumräubern gehört.

Kürbiskompott

1 ½ kg Kürbisfruchtfleisch,
1 l Wasser,
200-250 g Zucker,
1 TL Salz,
3 Stangen Zimtrinde,
8-10 Nelken,
5-6 TL Essig-Essenz

Den Kürbis halbieren, in dicke Streifen schneiden, von der harten Schale und dem weichen Inneren befreien. Das feste Fruchtfleisch in 2 cm große Würfel schneiden. Zucker, Salz, Zimtrinde, Nelken und Essig im Wasser aufkochen. Kürbiswürfel zugeben. Ab dem Kochen ist der Kürbis – je nach Sorte – in 2-6 Minuten gut. Er soll glasig, aber nicht zu weich sein.
Will man einen Teil Kürbis einwecken, lässt man ihn nur kurz aufwallen, gibt ihn samt Gewürzen und Wasser heiß in die Gläser und kocht diese im warmen Wasser im Einwecktopf bei 85-90° C in 25 Minuten zu. Topf vom Feuer stellen, aber die Gläser erst nach 10 Minuten aus dem Topf nehmen.

Der fruchtige, nicht zu süße, nicht zu saure Kürbis ist eine Köstlichkeit, die von alters her zum Kirmesschmaus gehört. Sein hoher Wassergehalt und die dazu gehörenden Gewürze sollen helfen, den auf der Kirmes angebotenen, mit reichlich Butter zubereiteten Karpfen besser zu verdauen.

Johannisbeerlikör

3 kg schwarze Johannisbeeren,
2 l Wasser, 750 g Zucker,
1 Stück Vanille,
klarer, weißer Schnaps nach Belieben

Gesäuberte Beeren mit Wasser 1 Stunde kochen. In einen Presssack geben, abtropfen lassen und durch Drücken ein wenig der Saftgewinnung nachhelfen. Zucker und Vanille zum Beerensaft geben und noch ca. ½ Stunde kochen, bis der Zucker gelöst ist. Nach Belieben mit hartem Schnaps versetzen. In Flaschen abfüllen.

Ein feiner Likör für die gemütlichen Stunden.

Johannisbeerschnaps

1 kg schwarze Johannisbeeren,
½ - 1 l Korn, 300 g Kandiszucker

Die sauberen Beeren etwas zerdrückt in ein großes Glas geben. Soviel Schnaps darüber gießen, dass die Beeren bedeckt sind. Zugedeckt ca. 6 Wochen auf der sonnigen Fensterbank stehen lassen. Dann filtern und den Saft mit Kandiszucker vermischen. Hat sich der Zucker gelöst, in Flaschen füllen.

Dieser Schnaps ist Medizin, denn der hohe Vitamin-C-Gehalt bleibt voll erhalten.

Auch viele leckere süße Brotaufstriche kommen aus dem Garten. Ob Marmelade, Konfitüre, Gelee oder Pflaumenmus – alles muss noch heiß in heiße, sterile Gläser abgefüllt werden. Die gesäuberten Gläser werden vorher in einem großen mit Wasser gefüllten Topf stark erhitzt, dann mit einem Holzstiel aus dem Wasser genommen und auf ein feuchtes Tuch gestellt. Heiße Marmelade einfüllen, Rand mit sauberem feuchten Tuch abwischen und mit den ebenfalls erhitzten Schraubdeckeln verschließen. Bis zum Erkalten stehen lassen, nicht mehr nachschrauben. So steril behandelt, gibt es selbst nach Jahren keine Schimmelbildung.

Mehrfruchtkonfitüre

(kräftig, aromatisch)

1 kg verschiedene Beeren
(Erdbeeren, Himbeeren,
wichtig für würzigen Geschmack:
rote und eine Hand voll schwarze
Johannisbeeren, auch Sauerkirschen –
bei hohem Johannisbeeranteil
1200 g Früchte nehmen),
Saft von 1 Zitrone,
1 kg Gelierzucker, 1:1

Die gewaschenen Beeren in einem breiten Topf ca. 2 Minuten kochen und abgekühlt den Gelierzucker in die warme Masse rühren, 4 Stunden stehen und 4-5 Minuten sprudelnd kochen lassen. Zitronensaft zugeben. Die heiße Masse in heiße Gläser abfüllen.

Johannisbeermarmelade

(Backmarmelade)

1,3 – 1,5 kg rote Johannisbeeren,
750 g Zucker

Die gewaschenen Beeren in einem breiten Topf langsam zum Kochen bringen und einige Minuten kochen lassen. Durch ein Sieb drücken (kann auch erst am anderen Tag passieren). Diese Fruchtmasse (ergibt ca. 1 kg) mit dem Zucker vermischen, aufkochen lassen und noch 10-15 Minuten weiterkochen lassen. Bleibt der letzte Tropfen am Holzlöffel hängen, ist die Marmelade fertig und kann in Gläser gefüllt werden.

Diese leuchtend rote, ziemlich feste Marmelade eignet sich bestens zum Füllen von Plätzchen, Torten und Kuchen. Sie läuft auch während des Backens nicht.

Sauerkirschkonfitüre

1 kg entsteinte Sauerkirschen,
750 g Zucker,
Saft von 2 Zitronen,
2 Stangen Vanille

Kirschen mit Zucker und Vanille 5 Minuten kochen lassen, dann mit Schaumlöffel aus dem Saft fischen und in die vorbereiteten Gläser verteilen. Saft mit Zitronensaft in wenigen Minuten etwas dicklich einkochen und über die Kirschen geben.

Schmeckt nicht nur als Brotaufstrich, sondern auch zu Schlagsahne oder Vanilleeis.

Tipp

Früher kochte man das Innere von 20-40 aufgeschlagenen Kirschkernen 5 Min. mit Kirschen und Zucker, weil es ein besonders feines Aroma gab.

Quittengelee

Quitten (auch Zierquitten),
Zucker, Zitronensaft

Quitten gut waschen, mit Schale und Kerngehäuse in Stücke schneiden und im Topf $^2/_3$ mit Wasser bedeckt ca. 30 Min. kochen, bis sie weich sind. Zwischendurch gut umrühren. Die erkalteten Quitten in einen Presssack füllen und den Saft über Nacht abtropfen lassen. Durch leichtes Drücken darf etwas nachgeholfen werden. Den abgetropften Saft in einem Topf ca. 20 Min. einkochen lassen. Den fertigen Saft im Litermaß abmessen.
Je 1 l Saft mit 750 g Zucker und dem Saft einer Zitrone mischen. So lange kochen lassen, bis der letzte Tropfen am Holzlöffel, mit dem öfter umgerührt wird, hängen bleibt (ca. 20 - 30 Min.).

Ein etwas herbes, feines Gelee für Plätzchen oder zum Frühstück.

Tipp ***Zierquitten erst im Oktober vom Strauch nehmen.***

Apfelgelee

1 l Apfelsaft aus
ca. 3 kg halbreifen Äpfeln
bzw. grünen Falläpfeln,
1 kg Gelierzucker,
Saft von 1 Zitrone

Die Äpfel von Wurmstellen befreien, mit Schale und Kerngehäuse in Scheiben schneiden und in einen großen Topf geben. Mit Wasser übergießen, dass die Äpfel zu $^2/_3$ bedeckt sind. In 20 Minuten weichdünsten, dabei einmal umrühren. Über Nacht stehen lassen, dann in einem Kloßsack oder in einem Tuch gut abtropfen lassen. Durch leichtes Drücken etwas nachhelfen. Mit Zitronensaft und Gelierzucker das Gelee kochen.
Fertiger Apfelsaft eignet sich nicht, da sich die Gelierstoffe erst beim Kochen lösen.

Pflaumenmus nach alter Thüringer Art

3 kg Pflaumen, am besten überreif,
ca. 500 g Zucker,
1/4 TL gemahlene Nelken, 1 TL Zimt,
1/2 Päckchen Pfefferkuchengewürz

Die gewaschenen Pflaumen trockenreiben, entsteinen und grob zerschneiden. Mit dem Zucker vermischt über Nacht stehen lassen. Die Pflaumen in einer breiten Bratpfanne unter Rühren kochen lassen, dann bei leichtem Feuer langsam dickkochen. Das Pflaumenmus kann auch in der Ofenröhre in 4-5 Stunden bei milder Hitze (ca. 160° C) eingedickt werden, damit entfällt das häufige Rühren. Gewürze nach 2-3 Stunden zugeben.

Tipp

Da Pflaumenmus wenig Zucker enthält, geht man am sichersten, wenn man es in Schraubgläser gefüllt in 20-25 Minuten bei 90° C zukocht.

Schnellbohnen

0,75-1 kg grüne Bohnen,
3-4 Stengel Dill mit Blütendolden,
1 1/2 l Wasser, 2 gestr. EL Salz,
1 geh. TL Zucker, 1 EL Essigessenz

Wasser mit Salz, Zucker und Essenz kochen. Die gesäuberten Bohnen im Ganzen zugeben und so lange kochen, bis sie ganz weich sind (ca. 45 Minuten). Dill etwas zerschnitten in einen Topf geben und die kochenden Bohnen darüber geben. Mit einem Teller beschwert und zugedeckt eine knappe Woche haltbar. Sobald sie kalt sind, kann man sie bereits zum Butter- oder Fettbrot genießen.

Ebenfalls wie die Schnellgurken ein altes Großmutterrezept, das im Sommer nicht fehlen darf.

Schnellgurken

1 kg Einlegegurken,
2-3 große Stengel Dill mit Blütendolden,
1-2 Handvoll Blätter von Kirsche, Johannisbeere oder Weinstock,
1 geh. EL Salz, 1 geh. TL Zucker,
2 EL Essigessenz,
1/2 TL gemahlener Pfeffer, 1 l Wasser

Die über Nacht gewässerten Gurken mit Dill und Blättern abwechselnd in einen Topf (evtl. Steinguttopf) schichten. Wasser mit Essig, Zucker, Salz und Pfeffer kochen und sofort über die Gurken gießen, bis sie bedeckt sind. Mit einem passenden Teller beschweren. Noch eine Weile auf der abgestellten heißen Herdplatte stehen lassen. Nun kalt stellen. Können schon nach 24 Stunden probiert werden. Sind ca. 1 Woche haltbar. Diese Gurken sind mild und von einzigartiger Frische. Im Sommer zu Fett- oder Butterbrot eine Köstlichkeit.

Grüne Bohnen zum Einkochen

Die geschnippelten oder auch ganzen Bohnen ins kochende Wasser geben (so viel Wasser, dass die Bohnen bedeckt sind) und 1/4 Stunde kochen lassen. Die heißen Bohnen nun mit gleichem Wasser in die heißen Gläser füllen, evtl. noch heißes Wasser zugeben, damit die Bohnen bedeckt sind. Kein Salz! Die warmen Gläser können gleich ins warme Wasser gestellt und in 45 Minuten bei 90-100° C zugekocht werden.

So eingekocht, halten sich die Bohnen über Jahre.

Neue Hefekuchen

Hefeteig für einen Kuchen

325-350 g Mehl,
80 g Margarine (auch zur Hälfte Schweinefett),
50 g Zucker,
1 Löffelspitze Salz,
1 TL abgeriebene Zitrone,
1 Ei, 75-100 ml Milch,
15-20 g Hefe

Das Mehl in eine Schüssel sieben, weiche Margarine, Zucker, Salz, Ei, Zitronenschale und die in handwarmer Milch aufgelöste Hefe zugeben und alles zu einem Teig verkneten. Zu einer Kugel formen, zugedeckt in der warmen Küche 45-60 Minuten gehen lassen, bevor der Teig weiter verarbeitet wird.

Im Foto von links nach rechts: Schichtkuchen, Rupfkuchen, Gefüllter Kokoskuchen, Preiselbeerkuchen, Apfelkuchen „Grüne Witwe“, Pflaumenmuskuchen mit Wodkaguss, Apfelmuskuchen, Stachelbeerkuchen, Quark-Mohn-Kuchen

KAFFEE ANNO 1931

Gefüllter Kokoskuchen

Hefeteig 1 ½fache Menge
Füllung:
1,25 l Milch,
3 geh. EL Zucker,
2 Päckchen Vanillepudding,
3 geh. EL Grieß,
1 Ei, 50 g Butter
Kokosmasse:
50 g Honig,
175 g Margarine,
200 g Zucker,
150 g Kokosraspeln

500 g Hefeteig auf einem Backblech ausrollen. Für die Füllung aus Milch, Zucker, Puddingpulver und Grieß einen Pudding kochen, vom Herd nehmen und die Butter unterrühren. Ist die Masse etwas abgekühlt, das Ei unterrühren und alles auf den Teig streichen. Den Rest Hefeteig ausrollen und als dünne Decke auflegen.
Margarine, Zucker und Honig aufkochen, Kokosraspeln einrühren und noch eine Minute kochen lassen. Etwas abgekühlt auf der obersten Teigplatte verteilen.

Backzeit: 30-35 Minuten
Hitze: 180-200° C
Auf der untersten Schiene backen.

Dieser Kuchen ist eine schnelle Variante von Bienenstich.

Weißer Mandelkuchen

(Eiweißverwertung z.B. vom Prophetenkuchen)

Hefeteig
Mandelmasse:
je 200 g Margarine, Mandeln, Schlagsahne, 250-300 g Zucker,
3 geh. EL Grieß, 4-6 Eiweiß,
¼ Flasche Bittermandelöl
Konfitüreschicht:
100 g Orangen- oder Aprikosenkonfitüre,
je 1 EL Zitronensaft und Weinbrand,
150 g bittere Schokolade,
25 g Butter, 25 g Hartfett

Margarine, Zucker und Sahne aufkochen. Grieß, gemahlene Mandeln und Mandelöl zugeben. Alles 1-2 Minuten kochen. In die lauwarme Masse nach

und nach die Eiweiß geben und gut verrühren. Auf den ausgerollten Hefeteig streichen und backen.
Konfitüre mit Zitronensaft und Weinbrand erhitzen und über den heißen Kuchen pinseln. Butter und Hartfett zerlassen, Schokolade darin schmelzen und damit die Kuchendecke abschließen, wenn die Konfitüreschicht etwas angetrocknet ist.

Backzeit: 10-15 Minuten
Hitze: 200° C

Ergibt einen saftigen, haltbaren Festtagskuchen.

Festlicher Pflaumenmuskuchen mit Wodkaguss

Hefeteig,
2 Gläser Pflaumenmus,
100 g gemahlene Haselnüsse,
100 g grob geschnittene Walnüsse,
Decke:
125 g Margarine,
75 g Zucker,
3 Eier,
150 g Mehl,
1 gestr. TL Backpulver,
3 EL Milch
Guss:
125 g Hartfett,
150 g Staubzucker,
1 Päckchen Vanillezucker,
4 EL Wodka oder anderen
weißen Schnaps,
4 EL heiße Milch

Pflaumenmus mit Hasel- und Walnüssen verrühren und auf den ausgerollten Hefeteig streichen. Weiche Margarine mit Zucker und Eiern verschlagen. Mehl mit Backpulver kurz unterschlagen und die Milch zugeben. Gleichmäßig über das Pflaumenmus streichen. Kuchen backen. Für den Wodkaguss das ganz weiche, aber nicht zerlassene Hartfett mit Staub- und Vanillezucker vermischt cremig schlagen, Wodka und danach die heiße Milch dazugeben. Den dicken cremigen Guss rasch auf den noch zimmerwarmen Kuchen streichen.

Backzeit: 20-25 Minuten
Hitze: 200° C

Apfelmuskuchen nach alter Thüringer Art

Hefeteig
Belag:
1 1/2 kg Apfelmus (2 Gläser á 750 g),
5 EL Zitronensaft,
2 Päckchen Vanillezucker,
1 TL Zimt, 5 geh. EL Grieß,
100 g Korinthen,
2 EL Rum (wer mag)
Schecke:
200 g Margarine, 4 Eier,
400 ml Milch, 1 Prise Salz,
1 Päckchen Vanillepudding,
2 geh. TL Speisestärke,
200 g Zucker

Das Apfelmus in einen breiten Topf geben und mit Zitronensaft, Vanillezucker, Zimt und Grieß verrühren. Unter Rühren in 2-3 Minuten dickkochen und die in Rum eingeweichten Korinthen zugeben. Erkaltet auf den ausgerollten Hefeteig streichen und mit Eierschecke überziehen. Zur Mitte hin die Schecke etwas dicker aufstreichen, da sie beim Backen etwas auseinander treibt. Für die Schecke Eigelb mit Margarine verschlagen. Den aus Milch, Zucker, Puddingpulver und Speisestärke gekochten Pudding handwarm unterschlagen. Nun das vorher mit 1 Prise Salz sehr steif geschlagene Eiweiß unterziehen.

Backzeit: 30-35 Minuten
Hitze: 175-200° C

Der Kuchen lässt sich schon am 2. Tag wunderbar in kleine Stücke schneiden.

Tipp ***Den erkalteten Kuchen mit Zucker- oder Zitronenguss verfeinern oder mit Butter bepinseln und mit Staubzucker besieben.***

Preiselbeerkuchen

Hefeteig
Belag:
2 Gläser dicke Preiselbeeren,
1 Päckchen rotes Puddingpulver (Himbeer- oder Erdbeergeschmack),
200 g Schmand,
2 Eier

Streuseldecke:
300-325 g Mehl,
250 g Margarine,
200 g Zucker
Garnitur:
50 g bittere Schokolade,
2-3 TL ÖL

Preiselbeeren mit Puddingpulver gut verrühren und einige Male aufkochen lassen. Schmand einrühren und etwas abgekühlt die Eier zugeben. Auf den ausgerollten Hefeteig streichen. Aus zerlassener Margarine, Mehl und Zucker Streuselmasse kneten. Streusel über den Kuchen geben und backen. Schokolade zerlassen, mit Öl verrühren und über den erkalteten Kuchen schneckeln (d.h. die dünne Glasur mit dem Kaffeelöffel in heftigen Spritzern auf dem Kuchen verteilen).

Backzeit: 20 Minuten,
Hitze: 200-225° C, untere Schiene

Schichtenkuchen

Hefeteig,
1/2 Glas Pflaumenmus (reichlich),
1 EL Grieß, 600 g Frischkäse,
60 g Butter, 1 Ei,
1/4 Päckchen Puddingpulver
Schecke:
250 g Margarine, 5 Eier, 1/2 l Milch,
1 1/2 Päckchen Puddingpulver,
250 g Zucker,
1/4 Flasche Bittermandelöl

Pflaumenmus mit Grieß verrühren und in 1-2 Minuten dickkochen. Abgekühlt auf den ausgerollten Hefeteig streichen. Frischkäse mit weicher Butter, dem Ei und Puddingpulver verschlagen und auf das Pflaumenmus streichen. Für die Schecke Pudding kochen, erkaltet löffelweise unter die mit Eigelb und Margarine verschlagene Masse schlagen. Bittermandelöl zugeben und das ganz steif geschlagene Eiweiß unterziehen. Alles auf die Frischkäseschicht streichen und backen.

Backzeit: 20-25 Minuten
Hitze: 200° C, gute Unterhitze

Altthüringer Rupfkuchen

Hefeteig,
<u>Kokosschicht:</u>
200 g Margarine,
je 200 g Zucker, Kokos,
100 g Schmand,
2 Päckchen Vanillezucker,
2 große Eier
<u>Puddingschicht:</u>
1 kg gefrostete Johannisbeeren (über Nacht abtropfen lassen),
350-400 ml Saft von den abgetropften Beeren,
1 Päckchen Himbeer- oder Erdbeerpudding,
150 g Zucker,
75 g Bitterschokolade,
2 TL Öl

Margarine erhitzen, Zucker, Vanillezucker und Kokos unterrühren. Vom Feuer nehmen. Etwas abgekühlt den Schmand und später die Eier unterrühren. 250 g von dieser Masse beiseite stellen. Den Rest auf den ausgerollten Hefeteig streichen. Aus Johannisbeersaft, Puddingpulver und Zucker einen Pudding kochen, vorsichtig die abgetropften Beeren untermischen. Johannisbeerpudding über die Kokosschicht streichen. Von der beiseitegestellten Kokosmasse kleine Häufchen abrupfen und etwas breitgedrückt über den Kuchen zupfen. Backen. Schokolade mit heißem Öl verrühren. Wenn der Kuchen erkaltet ist, dünne Schokofäden über den Kuchen ziehen.

Backzeit: 20-25 Minuten
Hitze: 200-225° C

Krömpelskuchen

Hefeteig,
500 g säuerliche Marmelade,
2 EL Zitronensaft,
400 g Mehl, 100 g Butter,
175 g Margarine,
200 g Zucker, 1/2 TL Zimt,
2 Päckchen Vanillezucker,
100 ml heiße Milch,
150 g bittere Schokolade,
1 EL Öl

Marmelade mit Zitronensaft verrühren und auf den ausgerollten Hefeteig streichen. Aus Mehl, Butter, Margarine, Zucker, Vanillezucker und Zimt Streusel kneten und gleichmäßig über der Marmeladenschicht verteilen. Backen. Den noch heißen Kuchen mit heißer Milch bepinseln und abkühlen lassen.
Schokolade in Öl schmelzen und dann über den lauwarmen Kuchen pinseln.

Tipp **Zur Verfeinerung ein Glas abgetropfte Sauerkirschen unter die Marmelade mischen!**

Stachelbeerkuchen von reifen roten Stachelbeeren

Hefeteig
Belag:
300 ml Milch,
1 Päckchen Vanillepudding,
100 g Zucker,
300 g Schmand,
2 Eier,
800 g frische reife rote Stachelbeeren oder 2 Gläser
Creme:
400 ml Milch, 4 geh. EL Zucker,
1 1/2 Himbeer- oder Erdbeerpudding,
25 g Hartfett, 100 g Butter,
50 g feste Margarine,
3-4 EL geraspelte Schokolade

Aus Milch, Puddingpulver und Zucker einen straffen Pudding kochen und den Schmand in die heiße Masse rühren. Abgekühlt die Eier zugeben und auf den ausgerollten Hefeteig streichen. Stachelbeeren darüber streuen und backen. Für die Creme aus rotem Puddingpulver, Milch und Zucker einen Pudding kochen und das Hartfett hineinrühren. Butter und Margarine cremig schlagen und den abgekühlten Pudding löffelweise unterschlagen. Diese rosa Creme auf den erkalteten Kuchen streichen und mit einem Kamm garnieren. Geraspelte Schokolade darüber streuen.

Backzeit: 15-20 Minuten
Hitze: 200° C, untere Schiene

Ein saftiger, fruchtiger Kuchen, der sich kühl gestellt gut schneiden läßt.

Mohn-Quark-Kuchen

Hefeteig
Mohnschicht:
3/4 l Milch,
350 g gemahlener Mohn,
1 geh. EL Mehl, 1 EL Grieß,
3 geh. EL Zucker,
100 g Margarine, 1 Ei
Quarkmasse:
750 g Magerquark, 125 g Zucker,
100 g Margarine, 2 Eier,
400 ml Milch, 2 El Zucker,
1 Päckchen Vanillepudding,
Saft und Schale von 1 Zitrone
Guss:
75 g Kokos, 100 g Zucker,
150 g Butter

Milch erhitzen. Mohn, Mehl, Grieß und Zucker vermengen und in die heiße Milch einrühren, Margarine zugeben, einige Male aufkochen lassen. Abkühlen lassen, das Ei unterrühren und die Masse auf einen ausgerollten Hefeteig streichen. Für die Quarkmasse Quark mit Zucker, zerlassener Margarine und den Eiern verrühren. Auss Puddingpulver, Milch und Zucker einen Pudding kochen und etwas abgekühlt mit der Quarkmasse vermischen. Zitrone zugeben. Alles löffelweise über der Mohnmasse verteilen und glattstreichen. Kuchen backen.
Kokos in trockener Pfanne goldbraun rösten, Butter zugeben und alles gut verrühren. Vom Feuer nehmen und den Zucker unterrühren. Gleichmäßig über den erkalteten Kuchen verteilen und glattstreichen, damit nur ein dünner Überzug entsteht.

Backzeit: 25 Minuten
Hitze: 200° C

Apfelkuchen „Grüne Witwe"

Hefeteig

<u>Belag:</u>

1 kg geschälte grob geraspelte Äpfel,
1/4 l Apfel- oder Orangensaft,
4 EL Zitronensaft,
3 geh. EL Zucker,
2 Päckchen grüne Grütze mit Apfelgeschmack

<u>Rumcreme:</u>

350 ml Milch,
1 Päckchen Vanillepudding,
3 EL Zucker, 6 EL Rum,
400 g Schlagsahne,
1 Päckchen Gelatine,
1 EL Staubzucker,
1 Päckchen Sahnesteif,
150 g bittere Schokolade,
2 EL Öl, 25 g Hartfett

Apfel- oder Orangensaft mit Zucker, Zitronensaft und Grützpulver verrühren und etwas kochen lassen. Nun die geraspelten Äpfel unterrühren (entsprechend großen Topf verwenden). Etwas abgekühlt auf den ausgerollten Hefeteig streichen und backen.

Aus Milch, Puddingpulver und Zucker einen straffen Pudding kochen und kurz abgekühlt den Rum einrühren, in dem die Gelatine aufgelöst wurde. Sahne mit Staubzucker ganz steif schlagen und unter den inzwischen erkalteten Pudding rühren bzw. vorsichtig unterziehen. Auf dem abgekühlten Kuchen verteilen. Schokolade, Hartfett und Öl langsam schmelzen und zum Schluss über die völlig erstarrte Cremeschicht streichen.

Backzeit: 25-30 Minuten
Hitze: 200-225° C

Ein ansehnlicher Festtagskuchen.

Tipp

Man kann auch eine althergebrachte Buttercreme über die Apfelmasse streichen, die Rumcreme ist aber leichter und zarter.

Köstliche Backpulverkuchen

Rumkuchen

<u>Teig:</u>
125 g Margarine, 100 g Zucker,
2 Eiweiß, 2 EL Milch,
275-300 g Mehl, 1 TL Backpulver
<u>Belag:</u>
250 g weiche Margarine, 100 g Zucker,
3 Eigelb, 1 Ei,
200 g Aprikosenmarmelade,
200 g zerkrümelte Butterkekse,
100 g feingehacktes Orangeat,
200 g gemahlene Mandeln, 1/4 l Milch,
Abgeriebenes von 1 Zitrone,
je 6 EL Zitronensaft und Rum,
1 kleine Flasche Rumaroma,
je 2 EL Aprikosenmarmelade und Rum
<u>Glasur:</u>
1 Eiweiß, 175 g Staubzucker,
75 g Hartfett, 2 EL Zitronensaft,
rote Kuchenfarbe
<u>Spritzglasur:</u>
125 g Staubzucker,
1/2 Eiweiß, einige Tropfen Zitronensaft

Margarine, Zucker, Eiweiß und Milch verrühren. Mehl mit Backpulver nach und nach unterkneten und den Teig auf ein gefettetes Blech ausrollen. Für den Belag die Zutaten der Reihe nach bis

Rumaroma verrühren, bis die Masse schön glatt ist. Auf die Teigplatte streichen und backen. Marmelade mit Rum erhitzen und auf den heißen Kuchen pinseln. Eiweiß mit Staubzucker verrühren, lauwarmes Hartfett nach und nach zugeben und den Zitronensaft unterrühren. Mit etwas Kuchenfarbe den Guss schön rosarot färben und auf den völlig erkalteten Kuchen streichen. Für die Spritzglasur Staubzucker mit etwas Eiweiß und einigen Tropfen Zitronensaft spritzfähig rühren. Gitter erst über den Kuchen spritzen, wenn die rosarote Glasur fest geworden ist.

Backzeit: 20-25 Minuten
Hitze: 180-200° C

Tipp

Wer sich das Spritzen nicht zutraut, kann auch nur bunte Streusel über den Kuchen streuen.

Dies ist ein feiner „Trockener" – saftig, aromatisch, der sehr lange frisch bleibt und auf der Festtagstafel „ins Auge fällt".

Altenburger Mandarinenkuchen

4 Eier,
250 g Zucker,
350 g Mehl,
300 g Schmand,
knapp 1 Päckchen Backpulver,
4 kleine Dosen Mandarinen,
100 g Zucker,
100 g Mandelplättchen,
125 g zerlassene Butter

Eier mit Zucker schaumig schlagen. Mehl mit Backpulver und Schmand abwechselnd unterschlagen. Teig auf ein gut gefettetes Backblech streichen. Gut abgetropfte Mandarinen darauf verteilen, mit Zucker vermischte Mandelblättchen darüber streuen, dann backen.
Die Butter zerlassen und auf den noch heißen Kuchen pinseln.

Backzeit: 20-25 Minuten
Hitze: 180-200° C

Ein schneller, saftiger Sonntagskuchen!

Kirsch-Punsch-Kuchen

Teig:
200 g Margarine, 200 g Zucker,
3 Eier, 1 Eiweiß,
200 g Mehl,
200 g gemahlene Haselnüsse,
2 gestr. TL Backpulver,
200 g bittere Schokolade,
2 Gläser Sauerkirschen
Belag:
400 ml Rotwein,
3-4 EL Zucker,
1 1/2 Päckchen Kirschpudding,
1 Eigelb, 6 EL Rum,
100 g Butter, 2 EL Staubzucker,
je 50 g feste Margarine
und Hartfett,
1 Kirschgötterspeise
oder 1 Päckchen Gelatine,
400 ml Kirschsaft

Weiche Margarine und Zucker verschlagen, Eier unterschlagen, Mehl, Backpulver und Nüsse zugeben und mit der zerkleinerten Schokolade vermischen. Teigmasse auf ein gut gefettetes Blech streichen, mit den gut abgetropften Kirschen belegen und backen.

Puddingpulver und Eigelb mit einem Teil Rotwein verquirlen. Den Restwein nach Geschmack mit Zucker versetzen und erhitzen. Anrührmasse zugeben und einen Pudding kochen. Den Rum in die vom Feuer genommene Masse rühren. Butter mit Margarine und Staubzucker cremig schlagen, den erkalteten Rotweinpudding löffelweise unterrühren und das zerlassene heiße Hartfett flott unterschlagen. Den erkalteten Kuchen mit der Rotweincreme bestreichen. Kurz vor dem Erstarren die nach Vorschrift zubereitete Götterspeise auf den Kuchen streichen. Lässt sich erst ab dem 2. Tag schneiden.

Backzeit: 15-20 Minuten
Hitze: 180-200° C

Von links unten nach rechts oben: Prinzesskuchen, Zitronenkuchen, Johannisbeerkuchen „Wildetaube“, Flamingokuchen, Nuss-Nugat-Kuchen, Rumkuchen, Elisenkuchen Schleizer Art, Johannisbeerkuchen „Wildetaube“, Zitronenkuchen, Kirsch-Punsch-Kuchen, Rumkuchen, Helenenkuchen

Elisenkuchen nach Schleizer Art

Teig:
75 g Zucker, 1 Ei,
175 g Margarine, 1 EL Milch,
300 g Mehl, 1 TL Backpulver
Belag:
1 Glas Aprikosenkonfitüre,
2 EL Zitronensaft, 4 Eier,
200 g gemahlene Mandeln,
150-200 g gemahlene Haselnüsse,
Abrieb von 1 Zitrone, 200 g Zucker,
1/4 TL Zimt, 2-4 EL Rum
Glasur:
100 g bittere Schokolade,
80 g Butter, 2 TL Kakao,
bunte Zuckerstreusel

Ei, Zucker, Margarine, Milch und den größten Teil des Mehles mit Backpulver verrühren. Rest Mehl unterkneten und den Teig auf einem gefetteten Blech ausrollen. Konfitüre mit Zitronensaft vermischt darüber streichen. Eier mit Zucker dickcremig schlagen, Gewürze, Rum, Nüsse und Mandeln zugeben. Die Masse gleichmäßig auf der Konfitüreschicht verteilen und dann backen. Schokolade mit Butter langsam zerlaufen lassen, Kakao unterrühren und alles auf den erkalteten Kuchen streichen. Bevor die Glasur fest wird, mit Streuseln bestreuen.

Backzeit: 30-35 Minuten
Hitze: 180-200° C, untere Schiene

Dieser Kuchen bleibt sehr lange Zeit frisch.

Nuss-Nugat-Kuchen

Teig:
4 Eier,
250 g Zucker,
200 g Margarine,
2 EL Milch,
200-225 g Mehl,
1 leicht geh. TL Backpulver,
150 g grob geschnittene Walnüsse
Nugatcreme:
250-300 g Backnugat,
100 g bittere Schokolade,
je 100 g Butter und Hartfett,
2 EL Staubzucker,
1 EL Rum, 1 Ei

Weiche Margarine mit Zucker gut verschlagen. Eier einzeln nacheinander unterschlagen und zu einer cremigen Masse schlagen (2-3 Minuten). Mehl, Backpulver und Milch auf zweimal zugeben und kurz unterschlagen. Teig auf Backblech streichen, Walnüsse darüber streuen und backen. Nugat, Schokolade und Hartfett langsam schmelzen. Butter mit Staubzucker und Ei cremig schlagen und die handwarme Nugatmasse löffelweise unterschlagen. Den zimmerwarmen Rum zugeben. Alles über den Kuchen streichen und mit dem Kamm garnieren.

Backzeit: 10-15 Minuten
Hitze: 180-200° C

Zitronenkuchen

Teig:
250 g Margarine, 200 g Zucker,
300 g Mehl, 1 Päckchen Backpulver,
100 ml Schlagsahne,
4 Eier, 1 Eigelb,
4 EL Zitronensaft,
Schale von 1 Zitrone

Guss:
300 g Puderzucker, 4 EL Zitronensaft,
1 Eiweiß, 75 g weiche Butter,
(evtl. 1 EL heiße Milch),
bunte Zuckerstreusel

Margarine cremig schlagen, abwechselnd 1 EL Zucker, 1 Ei und etwas Mehl mit Backpulver gemischt unterschlagen, bis alles verbraucht ist. Nun Zitronensaft, Schale und Sahne zugeben, Teig auf ein gefettetes Blech streichen und goldbraun backen. Für den Guss Eiweiß mit Puderzucker und Zitronensaft verrühren, die ganz weiche Butter zugeben und alles in 1-2 Minuten schön glänzend rühren. Ist der Guss zu dick, etwas heiße Milch zugeben. Den erkalteten Kuchen mit dem Guss überziehen und mit bunten Zuckerstreuseln bestreuen.

Backzeit: 25-30 Minuten
Hitze: 180-200° C

Tipp

Wenn Sie den Guss mit Quirl oder Holzlöffel rühren, bleibt der Guss schön weiß. Ein besonders feiner Festtagkuchen.

Prinzesskuchen

Teig:
100 g Zucker,
100 g Margarine, 2 Eier,
300-325 g Mehl,
1 TL Backpulver
Belag:
400 g Magerquark,
2 Eier, 75 g Zucker,
50 g Margarine,
1 geh. TL Speisestärke,
2 große Dosen Aprikosen
Vanillecreme:
400 ml Milch,
1 1/2 Päckchen Puddingpulver
(Vanillegeschmack),
3 geh. EL Zucker,
25 g Hartfett,
100 g Butter,
50 g Margarine,
1 Päckchen rote Götterspeise,
75 g bittere Schokolade,
1 EL Öl

Eier, Zucker, Margarine verrühren. Mehl mit Backpulver unterkneten. Den Teig auf einem gefetteten Blech ausrollen. Weiche Margarine, Zucker, Speisestärke und Quark verrühren und die Eier unterrühren. Auf den Teig streichen und die sehr gut abgetropften Aprikosenhälften mit der Rundung nach unten in den Quarkbelag setzen und backen. Aus 400 ml Aprikosensaft, Zucker nach Geschmack und Götterspeisepulver eine Götterspeise herstellen und kurz vor dem Gelieren über den abgekühlten Kuchen streichen. Aus Milch, Puddingpulver und Zucker einen Pudding kochen und das Hartfett hineinrühren. Erkaltet zu der schaumig geschlagenen Butter/Margarine geben. Die Creme auf die Götterspeise streichen und mit Kamm darüber fahren. Schokolade mit Öl zerlassen und mit einem Teelöffel dünne Schokolinien über den Kuchen ziehen.

Backzeit: 25-30 Minuten
Hitze: 180-200° C

Dieser Kuchen ist etwas Besonderes. Er kann auch in größeren Stücken als Schnitten serviert werden.

Johannisbeerkuchen „Wildetaube"

<u>Teig:</u>
125 g Margarine,
100 g Zucker,
2 kleine Eier, 2 EL Rum,
2 EL Kakao,
300-325 g Mehl,
2 gestr. TL Backpulver,
1 Prise Salz
<u>Belag:</u>
750 g Magerquark,
2 Eier,
200 g Schlagsahne,
150 g Zucker,
100 g Margarine,
4 Päckchen Vanillezucker,
1 geh. TL Speisestärke,
1/4 TL Salz,
1/2 l Milch,
1 Päckchen Vanillepudding,
800 g frische oder gefrostete Johannisbeeren,
1 Päckchen Himbeergötterspeise,
4 EL Zucker,
1/2 l Johannisbeersaft mit Wasser

Margarine, Zucker, Eier, Rum und Kakao kurz verrühren, mit Mehl und Backpulver zu einem ziemlich festen Teig kneten und gleich auf der Tischplatte etwas ausrollen, dann auf ein gut gefettetes Blech heben und weiter ausrollen. Quark mit Speisestärke, Vanillezucker, Zucker, Salz, der zerlassenen Margarine, Sahne und den Eiern schön cremig schlagen. Den ohne Zucker gekochten Pudding abgekühlt kurz unterschlagen und alles auf die dunkle Teigplatte streichen. Glattstreichen, die gut abgetropften Johannisbeeren darauf verteilen und backen. Götterspeise nach Vorschrift zubereiten und kurz vor Gelierbeginn auf den erkalteten Kuchen geben.

Backzeit: 35-40 Minuten
Hitze: 180-200° C, untere Schiene

Ein erfrischender Kuchen, der auch sehr schön aussieht. Seinen Namen trägt er nach dem gleichnamigen Ort bei Greiz.

Flamingokuchen

Teig:
125 g Margarine, 75 g Zucker, 1 Ei,
1-2 EL Milch, 275-300 g Mehl,
1 TL Backpulver, 1 Prise Salz
Belag:
125 g Margarine, 125 g Zucker,
150 g gemahlene Mandeln, 2 Eier
Creme:
1/2 l Milch,
1 1/2 Päckchen Vanillepudding,
1 1/4 Päckchen Gelatine, 4 EL Rum,
2 EL Zucker, 400 g Schlagsahne,
1 EL Staubzucker, 1 Päckchen Sahnesteif
Rosa Decke:
2 Eier, 100 g Zucker,
2 El warmes Wasser,
2 Päckchen Himbeer-Puddingpulver
2 gestr. EL Mehl,
1 leicht geh. TL Backpulver

Margarine, Zucker, Salz, Ei, Milch und den größten Teil des Mehles verrühren, den Rest Mehl mit Backpulver vermischt unterkneten. Auf einem gefetteten Blech ausrollen. Margarine und Zucker zerlassen und die Mandeln unterrühren. Abkühlen, die Eier zugeben. Belag auf den Teig streichen und backen. Für die Creme aus Milch, Pudding und Zucker einen Pudding kochen und die in Rum aufgelöste Gelatine unterrühren. Sahne mit Sahnesteif und Staubzucker ganz steif schlagen und unter den kalten Pudding ziehen. Auf den erkalteten Kuchen streichen. Eier mit Wasser und Zucker dickcremig schlagen, und das Mehl mit Pudding- und Backpulver gemischt unterheben. Diesen rosa Biskuitteig auf Papier backen. Backpapier abziehen und erkaltet auf die weiße Cremedecke legen. Dünn mit Staubzucker besieben.

Backzeit: 15-20 Minuten
Hitze: 180-200° C, untere Schiene
Rosa Biskuittteig:
Backzeit: 10-15 Minuten
Hitze: 180° C

Tipp ***Die Teige können schon Tage vorher gebacken werden, auch die Creme ist wie Buttercreme einige Tage kühl gestellt haltbar. Wird unter die Mandelmasse 1 EL Kakao gerührt, ergibt das einen anderen Kontrast.***

Helenenkuchen

<u>Teig:</u>
200 g Mohn, 200 g Margarine,
200 g Zucker, 200 g Mehl, 2 Eier,
6 EL Milch, 1 geh. TL Backpulver
<u>Belag:</u>
500 ml Milch,
1 1/2 Päckchen Vanillepudding,
2 geh. EL Zucker, 25 g Hartfett,
200 g Margarine, 2 TL Kaffeepulver,
150 g bittere Schokolade,
150 g geröstete Haselnüsse

Margarine, Eier und Zucker untereinanderschlagen. Ungemahlenen Mohn, Milch und das mit Backpulver gesiebte Mehl zugeben, verrühren, auf ein gut gefettetes Backblech streichen und backen. Aus Milch, Zucker und Puddingpulver einen straffen Pudding kochen und das Hartfett einrühren. Erkaltet löffelweise unter die schaumig geschlagene Margarine schlagen. Die zerlassene, abgekühlte Schokolade und das Kaffeepulver unterschlagen. Nun die in 1 EL Zucker gerösteten Nüsse zugeben, alles auf den Kuchen streichen. Mit Kamm verzieren.

Backzeit: 15-20 Minuten
Hitze: 180° C

Versunkener Nusskuchen

<u>Teig:</u>
200 g Margarine, 200 g Zucker,
3 Eier, 250 g Mehl,
1 Vanillepuddingpulver,
200 g saure Sahne,
1 Päckchen Backpulver
<u>Belag:</u>
300 g gemahlene Nüsse,
175 g Zucker,
175 g Margarine,
4 EL Milch, 2 EL Rum

Margarine, Zucker und Eier dickcremig schlagen. Nun die anderen Zutaten unterschlagen und auf ein gefettetes Backblech streichen. Für den Belag Margarine, Zucker und Milch erhitzen, Nüsse unterrühren, Rum zugeben. Mit dem Teelöffel kleine Häufchen auf den Kuchen setzen. Backen.

Backzeit: 20-25 Minuten
Hitze: 200° C

Feine Torten

Quark-Sahne-Torte

<u>Teig:</u>
3 nicht zu große Eier,
2 EL Wasser,
100 g Zucker,
75 g Mehl,
50 g Speisestärke,
1 gestr. TL Backpulver,
2 EL rote Marmelade
<u>Quarkmasse:</u>
500 g Magerquark,
130 g Zucker, 2 Eigelb,
1 TL Zitronenschale,
5 EL Zitronensaft,
5 EL Wasser,
250 g Schlagsahne,
2 Päckchen Gelatine (18-20 g),
1 Päckchen Sahnesteif,
1 Päckchen Vanillezucker,
2 Eiweiß, 1 Prise Salz,
1 roter Tortenguss für $^1/_4$ l Wasser

Eier kurz aufschlagen, nun mit dem warmen Wasser schaumig schlagen, Zucker zugeben und alles zu einer dickcremigen Masse schlagen. Mehl, Speisestärke und Backpulver unterheben. In eine Springform (28 cm Ø) füllen und backen. Erkaltet aus der Form nehmen, umdrehen, Ring wieder umlegen und den Tortenboden mit roter Marmelade bestreichen. Quark, Eigelb, Zitronenschale und Zucker in einem Gefäß verrühren. Gelatine, Wasser und Zitronensaft in einem anderen verrühren. 5 Minuten quellen lassen, dann auf der warmen Herdplatte flüssig machen. 1-2 EL Quarkmasse in die Gelatine rühren und nun alles mit der Quarkmasse vermischen. Die mit Sahnesteif und Vanillezucker ganz steif geschlagene Sahne unterziehen. Dann das mit Salz steif geschlagene Eiweiß unterziehen. Die gesamte Quarkmasse gleichmäßig auf dem Tortenboden verteilen, glatt streichen. Ist die Masse fest geworden, einen nach Vorschrift zubereiteten Tortenguss darüber geben.

Backzeit: 25-30 Minuten
Hitze: 200° C, untere Schiene

Diese einfache Quark-Sahne-Torte aus den 60er Jahren – locker, leicht, fettarm – ist auch heute noch bekannt und beliebt.

Apfelmus-Sahne-Torte

Teig:
100 g Zucker,
75 g Mehl,
25 g Speisestärke,
2 EL Kakao,
3 große Eier,
1 geh. TL Backpulver
Belag:
2 EL Marmelade,
1/2 Tasse Rum oder Apfelsaft,
1 Päckchen Gelatine,
350 g Apfelmus, leicht gesüßt,
400 g Schlagsahne,
2 Päckchen Vanillezucker,
1/2 TL Zimt,
1 geh. EL Staubzucker,
2 Päckchen Sahnesteif,
Schokoraspeln

50 g Zucker mit Eigelb cremig schlagen, Mehl mit Kakao und Backpulver zugeben. Eiweiß mit 50 g Zucker nicht zu steif schlagen. Mit 2 EL Eischnee den Eigelbteig geschmeidig rühren. Rest Schnee unterrühren und backen. Den erkalteten Tortenboden aus der Form nehmen, dünn mit roter oder gelber

Marmelade bestreichen. Gelatine in Rum oder Apfelsaft verrühren. Auf warmer Herdplatte flüssig werden lassen. 2 EL Apfelmus mit Zimt in die warme Gelatine rühren, erst dann Gelatine mit dem gesamten Apfelmus verrühren. 20 Minuten kalt stellen. Sahne mit Sahnesteif, Vanille- und Staubzucker ganz steif schlagen und unter das Apfelmus ziehen. Die Apfelsahne mit dem Teigschaber oder Garnierkamm kuppelförmig zur Tortenmitte hin aufstreichen. Dick mit Schokoraspeln oder geriebener Schokolade bestreuen.

Backzeit: 25-30 Minuten
Hitze: 180° C, untere Schiene

Eine einfache, aber sehr feine Torte, die ebenfalls schon in den 60er Jahren gebacken wurde.

Tipp ***Ist der Boden gebacken, kann man entweder gleich oder erst einige Tage später die Torte beenden.***

Preiselbeertorte

Teig:
2 Eier, 80 g Zucker,
125 g Mehl,
1 geh. TL Backpulver,
3 EL Milch
Belag:
1 Glas dicke Preiselbeeren (450 g),
200 ml Wasser,
2 EL Zitronensaft,
1 Päckchen rote Grütze ohne Grieß,
3 EL Weinbrand oder Rum,
1 Päckchen Gelatine,
600 g Schlagsahne,
2 Päckchen Sahnesteif,
1 Päckchen Vanillezucker,
etwas Eierlikör,
Schokoraspeln

Zucker und Eier dickcremig schlagen. Mehl mit Backpulver unterheben und die Milch leicht unterrühren. Teig gleichmäßig in die Form füllen und backen.
Preiselbeeren, Wasser, Zitronensaft und Grützpulver verrühren und einige Minuten dickkochen. Die in Weinbrand aufgelöste Gelatine in die heiße Masse

rühren. $^{2}/_{3}$ der Masse auf den Tortenboden streichen. Den Rest abgekühlt mit 200 g steifgeschlagener Sahne vermischen und diese rosa Masse auf die Beerenschicht streichen. 400 g Sahne mit Sahnesteif und Vanillezucker sehr steif schlagen und obenauf streichen. Zum Schluss mit Eierlikör und Schokoraspeln verzieren.

Backzeit: 15-20 Minuten
Hitze: 180-200° C, untere Schiene

Sehr feine Festtagstorte.

Schnelle Apfeltorte

Teig:
225-250 g Mehl,
1 gestr. TL Backpulver,
100 g Margarine,
25 g Zucker,
1 Ei, 1 Päckchen Vanillezucker,
1 EL Wasser,
2 EL Semmelmehl,
750 g Apfelspalten von mürben, säuerlichen Äpfeln,
2 EL Aprikosenmarmelade

Guss:
$^{1}/_{4}$ l Milch,
250 g Schlagsahne,
75 g Butter,
50 g Zucker,
2 Eier, 2 Eigelb,
1 TL Zitronenschale,
1 Päckchen Vanillepudding,
4 EL Rum

Von Mehl bis Wasser alle Zutaten zu einem glatten Teig verkneten und in eine Springform (28 cm Ø) drücken. Rand etwas hochziehen. Mit Semmelmehl bestreuen und Apfelspalten auflegen. Mit heißer Aprikosenmarmelade bepinseln. Für den Guss alle Zutaten in einem Topf verquirlen, Butter zugeben und unter ständigem Rühren einige Male aufkochen lassen. Über die Äpfel gießen und backen.

Backzeit: 50-60 Minuten
Hitze: 190-200° C, untere Schiene

Tipp ***Auf gute Unterhitze achten, sonst den Boden etwas vorbacken.***

Rhabarbertorte

Tortenboden:
4 Eier,
180 g Zucker,
100 g Mehl,
80 g Speisestärke,
1 gestr. TL Backpulver
Füllung:
750 g geschälter Rhabarber,
200 g Zucker,
100 ml Wasser,
2 Päckchen Gelatine,
400 g Schlagsahne,
2 Päckchen Sahnesteif,
1 EL Zucker,
2 EL Staubzucker

Eier mit Zucker dickcremig schlagen. Mehl mit Backpulver und Speisestärke nach und nach vorsichtig unterheben. In eine 28 cm Durchmesser große Springform füllen und backen. Nach 1-3 Tagen den aus der Form gelösten Boden quer in zwei Platten teilen.
Rhabarberstangen auf ein Brett legen, in Stücke schneiden und mit Zucker und Wasser kurz kochen lassen. 1 Tasse Saft wegnehmen und etwas abgekühlt die Gelatine unterrühren. Den Rhabarber mit dem Pürierstab zu Brei mixen. Aufgelöste Gelatine unter den warmen Obstbrei rühren. Während des Abkühlens öfter mal umrühren und kurz vor Gelierbeginn die mit Sahnesteif und Zucker steifgeschlagene Sahne unterziehen. Auf den unteren stabileren Tortenboden streichen. Den oberen Boden in 12 oder 16 Tortenstücke schneiden und auf die Torte legen. Dick mit Staubzucker bestäuben.

Backzeit: 35-40 Minuten
Hitze: 180° C, untere Schiene

Sehr erfrischende Torte mit kaum zu erratender Fruchtfüllung. Selbst wer keinen Rhabarber mag, kann "hinters Licht" geführt werden.

Tipp ***Einfacher ist es, den Teig zu teilen und 2 Böden davon zu backen. Dabei verringert sich die Backzeit auf ca. 20 Minuten.***

Allerlei Gebackenes

Weihnachtsstollen

(3 Stück)

1 ¹/₂ kg Weizenmehl, ¹/₂ l Milch,
200 g Hefe, 300 g Zucker,
250 g Butter, 125 g Margarine,
125 g Schweineschmalz,
300 g Mandeln, 50 g bittere Mandeln,
1 leicht geh. TL Salz,
Abgeriebenes von 3 Zitronen,
5 Päckchen Vanillezucker,
1 kg Rosinen, 100 ml Rum,
200 g Zitronat,
etwas Muskat, 1 TL Zimt

Alle Zutaten in die warme Küche stellen (Mehl schon 1 Woche vorher). Das zimmerwarme Mehl in eine große Schüssel geben und in die Mitte eine Vertiefung drücken. Handwarme Milch mit 1 EL Zucker und der zerbröckelten Hefe in der Mulde mit etwas Mehl zu einem dicken Brei verrühren. Etwas Mehl darüber stäuben und mit einem Wischtuch zugedeckt warm, aber nicht direkt an den heißen Ofen stellen. Ist das Hefestück gut gegangen (etwa nach 30 Minuten), Zucker, Salz, Gewürze, das weiche, aber nicht ganz zerlaufene Fett zugeben und etwas vermischen. Nun die teils gemahlenen, teils gehackten Mandeln unterkneten, alles gut durchkneten. Nun erst die in wenig Rum (Teig wird sonst braun) eingeweichten Rosinen unterkneten. Mit Hilfe von Mehl eine große Kugel formen. Schüssel und Hände müssen „sauber" sein, dann ist der Teig richtig. Nach 1-2 Stunden den Teig nochmals zusammenstoßen. Ist der Teig noch einmal 1 Stunde schön gegangen, 3 gleich große Kugeln formen. Die erste zu einem länglichen Stollen formen und auf ein gefettetes, mit Mehl bestäubtes Blech legen, das nicht kalt sein soll. Nach ca. 20 Minuten längs des Stollens einen ca. 1 cm tiefen Schnitt ziehen und das Blech auf die mittlere Schiene des Elektroherdes (auf 200° C vorheizen) schieben und den ersten Stollen bei 180° C ca. 1 Stunde backen. Wenn er fertig ist, die restlichen zwei Kugeln ebenfalls zu Stollen weiterverarbeiten.

Die völlig erkalteten Stollen in Plastbeutel verpackt 2-4 Wochen stehen lassen. Vor dem Verzehr mit zerlassener Butter bepinseln, dick mit Zucker und Vanillezucker bestreuen. Nochmals Butter darüber träufeln und dick mit Staubzucker besieben. (Pro Stollen ca. 50 g Butter, Zucker und Staubzucker nach Geschmack).

Backzeit: 50-60 Minuten
Hitze: 180° C, Ober- und Unterhitze

Tipp

Stellen Sie während des Backens ein Töpfchen heißes Wasser auf den Herdboden.
Wer schweren Stollen mag, kann das gesamte Fettgemisch durch Butter oder Butterschmalz ersetzen.

In vergangenen Zeiten, als Schokolade noch knapp und teuer war, wurde dennoch zum Schluss etwas grob geschnittene Bitterschokolade in den Stollenteig geknetet.
Ein alter Brauch ist es auch, dass man während der Adventszeit bis zum Weihnachtsfest mindestens 7 Sorten Stollen gekostet haben sollte (von Freunden, Verwandten, Nachbarn).

Weihnachtsstollen mit Backpulver

(1 Stück, ohne Hefe)

400 g Mehl,
1 Päckchen Backpulver,
100 g Mandeln, 200 g Rosinen,
100 g Zitronat, 125 g Öl,
2 große Eigelb, 1/2 TL Salz,
2 Päckchen Vanillezucker,
2 TL Zitronenschale,
1/4 Flasche Bittermandelöl,
150 g saure Sahne,
1 EL Butter, 2-3 EL Staubzucker

Öl und Zucker verrühren. Eigelb und die saure Sahne unterrühren. Mehl, Mandeln und die Gewürze zugeben. Nun die Rosinen und das Zitronat unterkneten. Sofort einen Stollen formen, längs in der Mitte einen 1 cm tiefen Schnitt ziehen und auf einem gut gefetteten, bemehlten Backblech backen.
Erkaltet mit zerlassener Butter bepinseln und mit Staubzucker besieben.

Backzeit: 45-50 Minuten
Hitze: 175° C, Ober- und Unterhitze

Tipp

Wer keinen Hefestollen verträgt, für den ist dieser wunderbare Stollen eine leckere Alternative, vor allem mit viel geringerem Arbeitsaufwand.
Kann auch gleich verzehrt werden.

Quarkstollen

2 Eier,
200 g Margarine,
175 g Zucker,
1 Päckchen Vanillezucker,
1/4 TL Salz,
Abgeriebenes von 1 Zitrone,
250 g trockener Quark,
500 g Mehl,
1 Päckchen Backpulver,
200 g Rosinen,
2 EL Rum,
20 g Butter,
2 EL Staubzucker

Eier, Zucker, Vanillezucker, Zitronenschale, Salz und weiche Margarine verrühren. Quark unterrühren und das Mehl mit Backpulver gemischt nach und nach unterkneten. Die in Rum eingeweichten Rosinen ebenfalls unterkneten. Mit bemehlten Händen eine Rolle von 30 cm formen, in die Mitte einen 1 cm tiefen Spalt drücken und backen. Noch heiß mit zerlassener Butter bepinseln und mit Staubzucker bestäuben.

Backzeit: 60 Minuten
Hitze: 180-200° C

Thüringer Schnecken

(25-28 Stück)

Teig:
125 g Margarine,
50 g Staubzucker,
1 Eigelb,
1 EL Rum,
200 g Mehl,
1 gestr. TL Backpulver
Belag:
1 Eiweiß,
1 geh. EL Zucker,
100 g gemahlene Nüsse,
1 EL Rum,
50-100 g Rosinen oder Korinthen
Zuckerguss:
75 g Aprikosenmarmelade,
50 g Staubzucker,
2 TL Zitronensaft

Margarine, Staubzucker und Eigelb glattrühren, Rum, Mehl mit Backpulver vermischt zugeben. Einen Teig kneten und zu einer rechteckigen Platte von 20 x 30 cm ausrollen. Eiweiß, Zucker und Nüsse verrühren. Die in Rum eingeweichten Rosinen untermischen. Alles auf die Platte streichen. Ränder ringsum etwas frei lassen. Von der Längsseite her aufrollen und schräge, 1 cm dicke Scheiben abschneiden. Auf gefettetem Backblech bei guter Oberhitze goldbraun backen. Die heißen Schnecken mit heißer Aprikosenmarmelade bepinseln und den nicht zu dünnflüssigen Zuckerguss darüber streichen. – Schmecken auch gut ohne Rosinen.

Backzeit: 15 Minuten
Hitze: 180° C

Schlagaschkuchen

250 g Margarine,
200 g Zucker,
1 Päckchen Vanillezucker,
Abgeriebenes von 1 Zitrone,
4 Eier,
400 g Mehl,
1 Päckchen Backpulver,
1 geh. EL Kartoffelstärke,
200 g Schlagsahne (keine Milch)

Weiche Margarine, Zucker, Vanillezucker und Zitronenschale gut verschlagen. Nach und nach die Eier unterschlagen und gründlich zu einer cremigen Masse verrühren. Mehl mit Backpulver und Stärkemehl abwechselnd mit der Sahne auf dreimal nur kurz unterschlagen. In eine gefettete 26iger Kranzkuchenform oder eine Kastenform füllen und auf unterer Schiene backen. – Sehr lange haltbar durch die Verwendung von Schlagsahne.

Backzeit: 45-50 Minuten
Hitze: 180-190° C, untere Schiene

Hefeaschkuchen

200 g Margarine,
125 g Zucker,
2 Eier,
1/2 TL Salz,
1 Päckchen Vanillezucker,
Abgeriebenes von 1 Zitrone,
125 g Schlagsahne,
40 g Hefe,
500 g Mehl,
200 g Rosinen,
5 EL Rum

Weiche Margarine mit Zucker, Eiern und Gewürzen verrühren. Die in der handwarmen Sahne aufgelöste Hefe unterrühren und nach und nach das Mehl unterkneten. Die in Rum eingeweichten Rosinen unter den Teig kneten. 1 Stunde gehen lassen. Nochmals durchkneten und wenn der Teig schön gegangen ist (nach etwa 30-40 Minuten), zur Rolle geformt in eine Aschkuchenform legen. Noch 15 Minuten gehen lassen, dann backen.

Backzeit: 45-50 Minuten
Hitze: 180° C

Thüringer Mohnstriezel

Teig:
500 g Mehl,
100 g Zucker,
150 g Margarine,
1 Ei, 1/2 TL Salz,
abgeriebene Zitronenschale
von 1 Zitrone,
40 g Hefe,
150-175 ml lauwarme Milch
Füllung:
250 g Mohn,
je 1 geh. EL Mehl und Grieß,
100 g Zucker,
je 125 ml Milch und Wasser,
75 g Margarine,
1/2 TL Zimt, 2 Eier,
125 g Rosinen, 50 ml Rum
Streusel:
50 g Mehl,
30 g Margarine, 30 g Zucker
Guss:
3 geh. EL Staubzucker,
1 EL Zitronensaft

Mehl mit Zucker, weicher Margarine, Salz, Ei und Zitronenschale in eine große Schüssel geben. Die in lauwarmer Milch verquirlte Hefe zugeben und alles zu einem glatten Teig verkneten. 45-60 Minuten warm stellen. Dann zu einer Platte (30 x 40 cm) ausrollen.
Den Mohn mahlen, mit Grieß, Mehl und Zucker vermischen und in das warme Milch-Wasser-Gemisch rühren. Kochen lassen, bis die Masse dick ist. Margarine und Zimt unterrühren. Ist die Masse etwas abgekühlt, die Eier sowie die in Rum eingeweichten Rosinen zugeben.
Die erkaltete Masse auf die Teigplatte streichen, ringsum etwas frei lassen. Von der Längsseite vorsichtig aufrollen, das andere Ende darüberschlagen, so dass die „Naht“ oben in der Mitte liegt. Die Rolle etwas flach drücken.
Mehl, Margarine und Zucker zu Streuseln verkneten und auf die mit lauwarmer Milch bepinselte Mohnrolle streuen. Rolle backen.
Aus Zitronensaft und Staubzucker einen etwas flüssigen Guss rühren und mit dem Pinsel über dem abgekühlten Kuchen verteilen.

Backzeit: 45-60 Minuten
Hitze: 180-200° C

… und noch mehr Plätzchen

Kokosstreifen

(60-70 Stück)

100 g Margarine, 50 g Zucker,
50 g Kokosraspeln,
100-125 g Mehl, 1 EL Weinbrand,
1 geh. EL Staubzucker,
2 Päckchen Vanillezucker

Margarine, Zucker, Kokos und Weinbrand mit dem größten Teil des Mehles verkneten. Restliches Mehl leicht unterkneten und den Teig auf gut bemehltem Blech vorsichtig mit leichtem Druck nicht zu dünn ausrollen. Mit dem Kuchenrädchen 2 cm breite und 5 cm lange Streifen ausrädeln und backen. Heiß vom Blech lösen und in einem Vanille-Staubzucker-Gemisch wälzen.

Backzeit: 10-15 Minuten
Hitze: 180-200° C

Frisch sind die Kokosstreifen ein besonders zartes feines Knuspergebäck zum Tee oder Kaffee.

Tipp ***In der Dose aufbewahrt, halten sie sich länger frisch.***

Knusperlinge

(60-70 Stück)

150 g Margarine, 100 g Zucker,
200-225 g Mehl,
1 Eigelb,
1 Päckchen Vanillezucker,
1 geh. TL Zimt,
1 Prise Salz,
1 geh. TL abgeriebene Zitronenschale,
ca. 1 EL Zucker

Aus allen Zutaten einen Mürbeteig kneten. Dünn ausrollen, kleine Herzen, Sterne usw. ausstechen. In Zucker drücken und auf einem gefetteten Blech backen.

Backzeit: 10 Minuten
Hitze: 180° C

In der Dose aufbewahrt würzige knusprige Plätzchen, lange haltbar.

Zigarren

(65-70 Stängchen)

50-75 g Mehl, 75 g Zucker,
100 g Haselnüsse, 100 g Margarine,
1 Eigelb,
50 g weiße Kuvertüre oder Schokolade

Die feingemahlenen Haselnüsse in trockener Pfanne leicht rösten und mit den anderen Zutaten zu einem Teig verkneten. In einen Spritzbeutel füllen, mit glatter Tülle bleistiftstarke, 5-6 cm lange Stangen auf ein bemehltes Backblech spritzen und backen. Erkaltet ein Ende oder auch beide Enden mit zerlassener weißer Kuvertüre bepinseln.

Backzeit: 10-15 Minuten
Hitze: 180° C

Tipp ***Teig in der warmen Küche verarbeiten, sonst lässt er sich nicht spritzen.***
Vor dem Backen das Blech kalt stellen.
Fertiges Gebäck in einer Dose aufbewahren.

Raspelplätzchen

(50-60 Stück)

1 Eigelb, 75 g Zucker,
1 Päckchen Vanillezucker,
1/4 TL Zimt,
100 g gemahlene Haselnüsse oder Mandeln,
50 g Butter,
30 g Mehl,
1 Löffelspitze Backpulver,
50 g Schokoraspeln

Eigelb mit Zucker verrühren, weiche Butter und Gewürze zugeben. Nüsse mit einem mit Backpulver vermischten Teil Mehl unterschlagen. Restliches Mehl zugeben. Teig kneten, Schokoraspeln unterkneten und nicht zu dünn auf dem Backblech ausrollen. Kleine Figuren ausstechen und backen.

Backzeit: 10-15 Minuten
Hitze: 175° C

Witwenküsse

(35-40 Stück)

1 Eiweiß, 1 Päckchen Vanillezucker,
25 g Staubzucker, 75 g Walnüsse,
25-50 g Bitterschokolade

Eiweiß kurz aufschlagen, mit dem Vanillezucker ganz steif schlagen. Staubzucker unterziehen. Grob geschnittene Walnüsse und zerkleinerte Schokolade vorsichtig unterheben. Kleine Häufchen auf ein gefettetes bemehltes Blech setzen und backen. Danach Röhre abstellen und noch 15-20 Minuten trocknen lassen, bis sie etwas Farbe haben.

Backzeit: 15-20 Minuten
Hitze: 125-150° C

Ein zartes, rösches Knuspergebäck.

Im Foto von links nach rechts:
Kokosstreifen, Knusperlinge,
Schienenplätzchen,
Raspelplätzchen, Zigarren,
Mitte: Witwenküsse

Schienenplätzchen

(30-40 Stück)

1 Eigelb, 75 g Staubzucker,
100 g Margarine,
175 g Mehl, (50 g Mehl davon zum Verkneten), 1/4 Glas rote Marmelade

Eigelb, Staubzucker und Margarine cremig schlagen. Mehl unterschlagen. 170 g Teig wegnehmen und mit 50 g Mehl verkneten. Kühl stellen, dann nicht zu dünn ausrollen. 5 cm breite Streifen ausrädeln und aufs gefettete Blech setzen. Den restlichen weichen Teig in einen Spritzbeutel füllen und Streifen auf die Längsseiten spritzen wie Bahnschienen. Vorn und hinten mit Teig verschließen. Nun in die Mitte rote Marmelade (am besten mit einer Rundtülle) spritzen. Kühl stellen, dann backen. Erkaltet in schräge Streifen schneiden.

Backzeit/Hitze: erst 5 Minuten bei 200° C, dann 10 Minuten bei 150-175° C

Schienenplätzchen beleben den bunten Teller in der Weihnachtszeit.

Oblaten-Pfefferkuchen

(50 Stück)

100 g Margarine, 100 g Zucker,
2 Eier, 150 g Bienenhonig,
100 g nicht zu fein gemahlene Mandeln oder Haselnüsse, 175-200 g Mehl,
3/4 Päckchen Backpulver,
2 EL Zitronensaft,
abgeriebene Schale von einer Zitrone,
100 g Zitronat, 4 EL Schlagsahne,
1 Päckchen Pfefferkuchengewürz,
1 TL Zimt, 1 EL Kakao,
Oblaten, 100 g Bitterkuvertüre

Weiche Margarine mit Zucker und Eiern gut verschlagen. Honig, Gewürze, Mandeln, Kakao, Zitronat, Zitronensaft und -schale sowie Sahne unterrühren. Mehl mit Backpulver vermischt zugeben. Je 1 geh. TL der Pfefferkuchenmasse auf einer großen Oblate zur Mitte hin etwas dicker verteilen. Nach dem Backen die erkalteten Pfefferkuchen mit geschmolzener Kuvertüre bepinseln.

Backzeit: 10-15 Minuten
Hitze: 190° C

Haferflockenplätzchen

(40 Stück)

125 g Haferflocken,
75 g Butter,
75 g Zucker, 1 Ei,
50 g Mehl,
1 TL Backpulver

Haferflocken in zerlassener Butter leicht bräunen. 1 EL Zucker zugeben und weiter bräunen, aber nicht zu dunkel werden lassen. Ei mit dem restlichen Zucker dickcremig schlagen, Mehl mit Backpulver untermengen und die erkalteten Haferflocken zugeben. Mit 2 Teelöffeln kleine Häufchen auf ein gefettetes, mit Mehl bestäubtes Blech geben und goldbraun backen.

Backzeit: 12-15 Minuten
Hitze: 180° C

Feine, knusprige Plätzchen. In einer Dose aufbewahren.

Schnelle Kokosplätzchen

(ca. 60 Stück)

100 g Butter,
100 g Zucker,
1 Päckchen Vanillezucker,
1 Prise Salz, 2 Eiweiß,
100 g Kokosraspeln,
75 g Mehl,
1/4 TL Backpulver

Weiche Butter, Zucker, Vanillezucker, Salz und Eiweiß cremig schlagen. Mehl mit Backpulver vermischt unterrühren und die Kokosraspeln untermengen. Kleine Häufchen auf ein gefettetes Blech setzen und goldbraun backen.

Backzeit: ca. 10 Minuten
Hitze: 200° C

Tipp ***Die Plätzchen sollen etwas breit laufen, damit sie schön knusprig werden.***

Rezeptverzeichnis